Ada Zapperi Zucker

Il vestitino di Angelica

Romanzo

VoG Verlag ohne Geld e.K.

n.30

ISBN 978-3-943810-32-5

Registergericht München HRA 99261
www.verlagohnegeld.de
Impaginazione: Heinz Weih
Editing: Fabio Zamboni
In copertina: Ada Zapperi, *Panorama alpino,* 1994

Ada Zapperi Zucker è nata a Catania. A Roma ha iniziato gli studi di canto e pianoforte per poi concluderli alla *Musikhochschule* di Vienna. Insegna canto in Germania e in Sudtirolo.

Ha collaborato al *Dizionario Biografico degli italiani dell'Istituto Treccani, all'Enciclopedia dello Spettacolo* e *all'Enciclopedia Universo De Agostini.*

Cantante lirica ha svolto la sua attività prevalentemente all'estero, soprattutto in Austria e Germania. Col pittore sudtirolese Gotthard Bonell ha studiato pittura e partecipato a diverse mostre.

I suoi scritti letterari hanno ottenuto vari premi nazionali e internazionali, i più importanti sono:

2020	Secondo Premio *San Domenichino* per *Due donne del Sud*
2017	Menzione d'onore *Casentino,* per il romanzo *La casa del nonno*
2015	Primo Premio *San Domenichino* per i racconti *La Cucchiara*
2012	Primo Premio *Casentino* per il romanzo *Teatro di ombre*
2012	Premio *Stiftung Kreatives Alter,* Zurigo, per i racconti *Le inquietudini della sora Elsa*
2011	Primo Premio *Chianti*, per il romanzo *Il silenzio*
2008	Primo Premio *Giovanni Gronchi,* per i racconti *La scuola delle catacombe*

Ringrazio Beppe Giannoni, grande personaggio chiantigiano, psichiatra, scultore, scrittore, uomo di grande cultura. Mi ha incoraggiato a scrivere questo libro mettendo a mia disposizione tutti gli strumenti necessari per realizzarlo.

In memoriam.

Ada Zapperi Zucker

Parte prima
Fra monti fra boschi

I

Appoggiata al davanzale della piccola finestra, guardava fuori: sempre lo stesso panorama, le stesse montagne che immobili si stagliavano lontano, oltre il prato, oltre i boschi; e giù, in fondo, alla fine della vallata, la cittadina con i suoi campanili, le case ben arroccate e il cielo a volte nuvoloso, a volte sereno, a seconda delle stagioni.

Con gli occhi seguiva le acrobazie degli uccelli che volteggiavano nell'aria ancora fredda, quasi per riscaldare i corpicini infreddoliti. Il loro squittio lacerava il silenzio del primo mattino, in quel particolare momento magico in cui la luce ancora pallida del sole tenta di scacciare le ultime ombre della notte; la natura sembrava tenere il fiato, in attesa di chissà quali eventi. Ma ancor più misterioso era il silenzio quando la nebbia nascondeva le montagne e la cittadina in fondo alla valle affondava nel nulla. Allora anche gli uccellini tacevano, discreti, forse ancora insonnoliti, indecisi se incominciare la giornata o rimandare a più tardi. Possibile però che, prevedendo un cambiamento di clima, fossero già migrati verso luoghi più caldi, dove la nebbia è sconosciuta e il sole, soltanto per un breve lasso di tempo, si nasconde alla terra.

Non sapeva perché, ogni mattina prima di scendere giù in cucina per lavarsi, darsi una pettinata specchiandosi appena, più che altro per rimettere in ordine qualche ciocca di capelli ribelle al pettine, non certo per guardarsi sul serio, desse un'occhiata fuori. Quello spettacolo la incantava ogni volta. Inconsapevolmente tentava di prolungare quel primo incontro con la realtà, quel breve intervallo fra il sonno e la veglia che le permetteva per un tempo indeterminato di restare in bilico sulla linea di demarcazione fra la notte e il giorno, fra i sogni sempre opprimenti e la natura rimasta fuori, indifferente a quanto accadeva dentro le pareti di quella casa, dentro il suo corpo di donna.

Ma forse cercava soltanto una conferma. Ancora una volta la luce le permetteva di ritrovare il mondo come lo aveva lasciato il giorno prima, immobile, immutato. Le Dolomiti in tutta la loro innocenza primordiale occupavano sempre lo stesso posto, oltre la valle, lontane e decise a starsene lì per i secoli a venire; un punto fermo, una sicurezza che la tranquillizzava.

Forse l'unica sicurezza.

Una commozione profonda, quasi un senso di tenerezza indefinibile la prendeva ogni volta che scopriva uno strato di nuova neve sulle loro cime, sui fianchi. La notte, maternamente, aveva provveduto a nascondere con una leggera coltre bianca la crudezza della roccia viva, bruciata dal sole. Era come se quel velo di neve ne ammorbidisse i contorni, restituendo loro la verginità, la purezza di tempi assai remoti.

Tanto maggiore era la sua attesa quando, nelle giornate di primo autunno, dall'alto delle montagne scendevano densi ammassi di nebbia che ne annullavano i contorni, fino a farli scomparire. Ogni volta una sorpresa. La nebbia si allungava oltrepassando la valle fino a raggiungere il prato davanti alla sua casetta, e tutto sembrava sprofondare in una specie di bagno turco, mentre sulle cime delle montagne i primi raggi di sole scacciavano le nubi. In quei momenti le sembrava di vivere in un mondo pieno di magia. Restava allora incollata alla finestra più a lungo del solito. Cosa sperava si nascondesse dietro quel fitto velo? Un desiderio, una speranza infantile?

Lì dove era nata lei, la nebbia era di casa per alcuni mesi dell'anno, e quando finalmente il sole riusciva a squarciare la fuliggine umida che saliva su dal fiume, non si avvistavano le cime di nessuna montagna, ma cespugli, sterpaglie lungo il greto del fiume e qualche casa colonica sparsa qua e là, fra distese di terra coltivata. La pianura e la nebbia le avevano trasmesso fin dall'infanzia il senso di uno spazio infinito in cui vagare, un vuoto dove era possibile perdersi, annullarsi. Ma anche un indescrivibile senso di desolazione in cui le sembrava di annegare. E allora aveva la sensazione di vivere alla superficie della solitudine. Solo alla superficie, perché non avrebbe mai voluto vederne il fondo, anche se ne sentiva l'attrazione. Quasi un'eredità che si portava dietro dal tempo dei tempi, come una maledizione.

Da bambina non aveva immaginato che ci potesse essere qualcosa al di là di quelle nebbie. Non sapeva che oltre quello spazio infinito c'erano altri spazi, ben definiti, chiari nelle loro linee. Magari pieni di luci, senza segreti.

Il mondo per lei cominciava e finiva lì dove aveva aperto gli occhi la prima volta, fra le pareti della sua casa. Altre volte aveva aperto gli occhi, altrove, quasi la vita le avesse riservato una serie di nascite tutte diverse, in diversi luoghi.

Col tempo aveva scoperto altre pareti, altri spazi e il suo orizzonte si era allargato assumendo dimensioni mai sospettate; c'era da perdersi tanto le era sembrata immensa la casa della sua infanzia. Le stanze grandi e buie si infilavano le une nelle altre, divise solo da porte alte e nere, che era possibile aprire solo se riusciva a trascinare una sedia e salirci su, perché le maniglie erano a un'altezza proibitiva; e passare da una stanza all'altra significava trovare un mondo sconosciuto, imprevedibile, pieno di pericoli. Forse dietro ogni porta l'aspettavano spettri, mostri, e chissà quali altre creature fiabesche che già allora popolavano la sua fantasia, disturbando i suoi sonni.

Senza contare l'universo oltre il vetro delle tante finestre, inaccessibile e lontano. Stranamente lontano. Sempre.

Tempi remoti nei quali ancora adesso si smarriva, soprattutto di notte, quando lei, creatura senza peso e senza corpo, si aggirava nel mondo sfuocato dei sogni, in cui forme e linee si sovrapponevano le une alle altre, prive di contorni, di limiti; senza alcuna relazione con la realtà, la fisicità degli oggetti che la circondavano. Altri sogni ora turbavano il suo sonno, non più creature fiabesche e irreali, come durante l'infanzia.

Qui la notte era più misteriosa, aveva una sua corporeità: la terra di colpo sprofondava in un buio quasi palpabile, più buio del buio stesso, tanto diverso dalla mezza oscurità cittadina cui era abituata; e lei sentiva il peso, la potenza di quelle ombre, ma anche la loro magia, specie quando la luna, come un enorme riflettore appeso da qualche parte nel cielo, ne spezzava la densità e illuminava di una luce fredda e chiara l'inconcepibile fragilità di quelle montagne, svelandone tutti i segreti.

In autunno, quando l'aria era particolarmente tersa e trasparente, aveva scoperto i grandi segreti del cielo, la quantità infinita di stelle, lo spazio immenso, infinito. L'universo allora sembrava denudarsi davanti ai suoi occhi, mostrando anche le parti più intime e nascoste, invisibili agli occhi umani.

Non ricordava in quale stagione dell'anno fosse arrivata quassù, ma subito, appena calata la sera, aveva scoperto un altro mondo, un'altra natura; soprattutto il fascino del silenzio; il senso arcaico della vera solitudine, del vero silenzio. Quasi da toccare con mano.

Ma anche la propria unicità di essere umano.

Sola sulla faccia della terra, fra montagne grandiose, vere pietrificazioni di eternità, lontane e inaccessibili, e un cielo immenso, vibrante di una vita segreta.

Per la prima volta aveva percepito l'esistenza dell'Eterno e l'estrema modestia del suo essere soltanto una creatura umana su un pianeta che vagava nell'immensità di un universo senza tempo; una sensazione assai inquietante l'aggrediva soprattutto di notte, quando gettava uno sguardo furtivo fuori la porta di casa prima di chiuderla, e sentiva più intensa la propria solitudine. La propria piccolezza.

Alzarsi, lavarsi, vestirsi, accendere il fuoco in cucina per farsi un caffè, bollire il latte. Questi i riti di ogni mattina, riti che doveva assolvere per iniziare, dopo una notte angosciata da sogni spesso confusi, un nuovo giorno.

Lunghe ore di attesa (di che?), vuote in parte di pensieri, o meglio con qualche piccolo indizio di pensiero: aveva imparato ad attaccare i suoi pensieri alle parole. Chi vive solo non sa più neanche parlare, raccontarsi anche le cose più banali, perché le parole nascono insieme ai pensieri e lei, già da tempo, aveva deciso di sbarrare la porta, di non lasciare spazio ai pensieri. Ma nel sottofondo indugiava qualcosa di irrisolto, un leitmotiv che non la lasciava un secondo, giorno e notte. Non era un ricordo, lo sapeva bene. Era qualcosa di impreciso che si portava dentro da molti anni, una sorta di scena vuota nella quale si era svolta una grande vicenda. Una scena che ostinatamente si rifiutava di riempire degli attori e delle azioni che avevano determinato il corso della sua vita.

Una volta le era capitato di vedere il palcoscenico vuoto di un teatro. Ne era rimasta affascinata. Era stato assai difficile allontanarsi, tanto era l'incantamento che ne proveniva; un vuoto tutto da riempire, aveva pensato allora. La scena, un palcoscenico niente affatto grande, con uno sfondo di palchetti, due file di palchetti sovrapposti, le tende chiare abbassate: cosa si nascondeva dietro quelle tende? Un teatro con due file di palchetti anche sul palcoscenico, privo di fondali. Se avesse sentito le spiegazioni della prof avrebbe capito che, in altri tempi, sul quel palco si riunivano i soci dell'Accademia dei Timidi per le loro sedute culturali e a volte anche per esecuzioni musicali o spettacoli teatrali di formato assai ridotto; in ogni caso niente grandi drammi con uccisioni, amori impossibili, vicende umane di ogni sorta. La vita vera infine, quella che aspettava di essere vissuta, completa di scene, requisiti, di attori protagonisti, comprimari, comparse. Ora nessuno si aggirava su quel piccolo palco, nessuno si torceva le mani come aveva visto qualche volta fare anche da persone comuni, niente lacrime o lamenti. Ma neanche risate. Soprattutto risate: in quel teatro, in altri tempi, non erano permesse le commedie, i lazzi dei comici, i ballerini.

Allora era ancora molto giovane, forse dodici o tredici anni, viveva altrove, in una cittadina di provincia, nella grande casa della nonna, e lì si era trovata insieme alla sua classe, durante una gita scolastica, in quel meraviglioso teatro del Settecento, del quale ricordava una parte del nome – doveva avere a che fare con la scienza, Teatro Scientifico? non ne era sicura. L'insegnante aveva spiegato qualcosa, anzi aveva parlato a lungo, con quella sua voce monotona che conciliava il sonno; ma lei era troppo presa dal teatro stesso per sentirne la storia. Si era allontanata sulle scale laterali per entrare in uno dei palchetti, ed era rimasta seduta su una piccola panca, mezzo nascosta perché nessuno la scorgesse, forse sperando di essere lasciata lì, dimenticata. Affacciata appena per vedere meglio. Era stata presa da una strana magia che l'aveva riempita di stupore: si vide lì, su quel palcoscenico deserto. Un'altra persona, una sconosciuta, aveva preso possesso della scena, un doppio di sé stessa che agiva e viveva nella più completa solitudine.

I suoni indistinti, il mormorio quasi impercettibile dei suoi compagni che si allontanavano, spezzavano appena il silenzio di quel luogo. Era come trovarsi in chiesa. Solo che il silenzio qui era più rassicurante, privo di ombre, di figure alle pareti e soprattutto senza quel Crocifisso, quelle Madonne dolorose che trasmettevano a lei bambina un vago senso di colpa, di colpe antiche, non sue, sconosciute. Qui i palchetti vuoti sembrava aspettassero l'arrivo di un pubblico d'altri tempi, vestito a festa. Era un silenzio pieno di attese positive, quasi di una festa che si annunciava.

Infine una voce imperativa che chiamava il suo nome aveva rotto l'incanto. Non era stata dimenticata. Si era svegliata di soprassalto, come colta in flagrante. Non le era permesso fantasticare: il suo nome, Angelica! gridato con tanta autorità, l'aveva costretta a lasciare la sconosciuta da poco intravista su quel palcoscenico. Doveva tornare a una realtà che non riusciva a capire, che da sempre la metteva a disagio.

II

Lei non soffriva di depressioni o di una qualsiasi forma di alienazione mentale, come era stato diagnosticato.

La sua malattia si chiamava solitudine dell'anima. Da un tempo indeterminato aveva la sensazione di vagare nel vuoto, in un abisso senza fondo, senza contorni, in un continuo processo di lacerazioni, di perdita di se stessa, disperazione senza fine. A questo si aggiungeva una sorta di nostalgia di un passato mai esistito in quella forma, solo desiderato o sognato: una nostalgia esistenziale come forse conosce ogni essere umano, anche se difficilmente ne è cosciente.

Inutile cercare di chiarire, di scavare nel profondo; il medico della cittadina vicina, dal quale l'aveva portata il padre subito dopo il loro arrivo, le aveva dato delle pillole da prendere quando aveva la sensazione di non farcela più, quando l'angoscia minacciava di disintegrarla, di distruggerla. Con l'aiuto di quei farmaci riusciva a fuggire da una realtà che la soverchiava, la invadeva minacciando di sommergerla come una mostruosa ondata di melma; entrava allora in un sonno profondo, in una sorta di coma. Qui non veniva inseguita da figure senza forma, da fantasmi neri, terrificanti e peggio ancora da ricordi che continuavano a far male, a ferire a morte. Allora smetteva di gridare parole sconnesse, di correre nel bosco accanto alla casa, arrampicandosi fra le rocce, perdendosi fra gli alberi, i cespugli, in una corsa che per un certo tempo la liberava dall'ansia terribile che la divorava, finché cadeva esausta da qualche parte e prendeva coscienza del luogo in cui si trovava.

Il sonno era una piccola morte che l'aiutava a rientrare poi in quella specie di vita, in quella illusione di normalità.

Non sapeva più quando quel senso di estrema solitudine avesse preso possesso di lei. Di certo prima di quella gita scolastica. Forse già nell'infanzia. I primissimi ricordi, i primi sogni che ancora ricordava, erano dominati da un'immagine scura, nuvole nere, più nere della nebbia che incombevano sul suo lettino con le inferriate. Quelle inferriate erano lì per non farla cadere dal letto, aveva detto una volta la mamma. Ma lei sapeva che servivano soprattutto a impedirle di alzarsi, la notte, quando veniva aggredita da quelle presenze oscure, quando avrebbe voluto fuggire dalla sua solitudine e rifugiarsi nel letto della mamma. Meglio ancora, per tornare nel nido dal quale era stata cacciata via da una forza cui non era stato possibile resistere: la nascita sentita come un atto di violenza, la prima condanna, la prima vera rinuncia al paradiso. Il primo incontro con la grande solitudine, voluto dalla natura stessa.

È questa l'origine del mito della cacciata dal Paradiso terrestre?

Lei ancora non aveva imparato a correre. Correre per modo di dire, forse un metro separava il suo lettino da quello della mamma, per lei una distanza insormontabile, universi si frapponevano fra lei e il luogo della sua nostalgia. Le sue gambette non avevano la forza né la giusta coordinazione per percorrere quei pochi passi. Più tardi, quando erano nate le sorelline, fu spostata in un'altra stanza, in un mondo estraneo, tutto da esplorare. Qui dormiva una persona, una donna che lei aveva imparato a temere, già dalla nascita. Di notte, se un rumore la svegliava, sentiva la voce di un uomo. Allora si metteva in ascolto, benché non capisse ancora il senso delle parole. Il suono di quella voce la teneva in sospeso, la consolava, perché era la stessa voce che aveva sentito quando ancora dormiva nella stanza della mamma. Forse ancora prima che nascesse.

Una voce rassicurante che amava più di ogni altra.

Ma non sapeva se tutto questo fosse reale o facesse parte dei sogni che già allora turbavano le sue notti.

Accanto alla mamma era rimasta la sua culla con dentro un piccolo straniero, un esserino tutto rosso e strillante. La sorellina, aveva detto la nonna, un angioletto mandato dal cielo. Lei non aveva capito perché da un momento all'altro tutte le attenzioni fossero riservate a quell'essere sconosciuto, arrivato chissà da dove, mentre lei, di colpo diventata grande, aveva perso tutti i diritti. Non che ne avesse avuti tanti, ma le erano bastati per sopravvivere.

Alla prima sconosciuta ne erano seguite altre due. Aveva tre sorelline in tutto, e ognuna aveva usurpato il posto che lei aveva occupato in precedenza; era stato un continuo recedere, una continua perdita di terreno, di diritti. Col tempo si era abituata, ma quel senso di vuoto che sentiva dentro di sé già da sempre, aveva assunto dimensioni insospettate, inquietanti. Una voragine che la inghiottiva, annullandola.

Già allora trascorreva ore e ore alla finestra, priva di pensieri. Una bambina alla finestra.

Osservava le rare persone che passavano, che sostavano un momento sulla piazzetta all'incrocio fra le due strade dove era la sua casa, senza mai farsi domande; era un'osservazione passiva, come i gatti che sembrano dormire con gli occhi aperti. Guardano e in realtà non vedono e se vedono è tutto grigio, senza colori e forse senza veri contorni, cosa che del resto li lascia del tutto indifferenti. Anche la bambina guardava con indifferenza, per subito dimenticare ciò che aveva visto.

Il suo nome, così almeno veniva chiamata, era Angelica. Non si era mai abituata a quel suono. Lo trovava insignificante, come tutti i nomi di persona ma anche di tutte le cose in generale. Le parole, per lei, erano suoni che acquistavano il significato che ognuno voleva dare. Una volta aveva pensato che dietro ogni parola si nascondesse il nulla. Da piccola, quando aveva difficoltà a ripetere quel che sentiva dai grandi, aveva provato a imitarne il ritmo e il suono, senza curarsi di pronunciare parole vere e proprie, convinta di parlare come gli altri. E si meravigliava delle reazioni degli adulti, che dicevano di non capirla.

Più tardi, a scuola, accadeva che scrivesse parole di fantasia, inventando vocaboli inesistenti e si stupiva alle reazioni della maestra.

„Perché gli altri possono inventarsi le parole e io no?“, aveva risposto una volta inquieta, ma anche timorosa, pensando alla grande quantità di parole in attesa di essere inventate, o meglio in attesa di nascere.

„Chi sono gli altri? Cosa ti viene in mente? Nessuno si inventa le parole...“ Una delle tante risposte della maestra, spesso impaziente.

Da anni aveva rinunciato a inventarsi nuovi nomi per i più diversi oggetti, ma anche per gli stati d'animo, i sentimenti. Se tutti erano convinti che le parole in uso fossero sufficienti per capirsi, non sarebbe stata certo lei a intraprendere una lotta inutile col resto dell'umanità. Come spiegare che quelle parole, usate da tutti, non bastavano, erano assai limitate, e in realtà assolvevano solo una funzione di scambio e nello scambio, lo sanno tutti, si nasconde sempre il vantaggio di uno nei confronti dell'altro. Infine, un intralcio inutile perché servivano solo a creare equivoci, a nascondere verità, a ingannarsi a vicenda. A tacere pensieri vergognosi. Proibiti.

Così erano rimaste un'infinità di sensazioni, sentimenti, ma anche di pensieri, che non le era stato possibile esprimere perché mancava la definizione giusta. E formavano un sottofondo di parole negate che premevano come un bambino che vuole nascere e gli viene impedito di farlo: lei aveva tanti bambini annidati nel suo cervello, impertinenti e aggressivi, tutti desiderosi di nascere, di travolgere il mondo con la loro presenza, con tanti nuovi significati tutti sinceri, difficile da equivocare. Parole che era costretta a soffocare, per poi dimenticarle.

Angelica finì col fare a meno di tante parole, riducendo al minimo anche il vocabolario di uso comune; in realtà, per evitare di essere fraintesa, parlava assai poco. Inoltre chi parlava con lei non era mai sicuro di essere capito. I suoi occhi infatti non indicavano una partecipazione, un assenso; erano sempre rivolti verso un mondo lontano, invisibile al resto dell'umanità; un mondo solo interiore, inaccessibile, nel quale già allora vagava, persa. La nonna diceva sempre che non era del tutto sveglia e anzi era stato interpellato un medico per sapere se quel silenzio, quel non essere presente fosse normale, non denotasse una deficienza forse congenita, una nascosta tara ereditaria.

„È una bambina assolutamente tranquilla, del tutto normale e se non parla è perché non ha niente da dire", aveva sentenziato il pediatra. Forse avrebbe voluto aggiungere: è soltanto noiosa, come tutti i bambini. Ma non lo disse per rispetto verso la famiglia. La sua convinzione però che i bambini non avessero niente da dire era assolutamente falsa, e Angelica lo sapeva. Anche se assai confusamente.

Il padre aveva sentito, fin dalla sua nascita, una particolare simpatia per lei. Quel visino sempre smarrito, gli occhi scuri, persi chissà dove, mai presenti, lo avevano riavvicinato alla propria infanzia; neanche lui si era ritrovato, o meglio accettato nel ruolo di figlio unico, erede del cospicuo patrimonio materno, che garantiva il benessere di tutta la famiglia.

Quella bambina discreta, restia, era più o meno l'immagine di se stesso nei primi anni della propria infanzia: gli bastava vedere le poche fotografie sbiadite nell'album di famiglia per risentire quello stesso senso di inutilità che in seguito non lo aveva mai abbandonato. Vestito con eleganza, calzettoni bianchi, pantaloncini a mezzo ginocchio, cravattino scuro sulla camicia bianca, serio, già quasi spento; sempre accanto alla figura materna, sovrastante, in abito lungo, scuro, il viso dai lineamenti duri, senza un sorriso: una fotografia che gli provocava ancora, dopo molti anni, un malessere quasi fisico.

La madre, vedova di guerra, non si era mai risposata, benché col patrimonio che possedeva non dovevano esserle mancate le occasioni; a lui bambino ripeteva che non gli avrebbe mai fatto il torto di dargli un patrigno. E lui, non sapendo cosa fosse un patrigno, aveva capito che doveva trattarsi di qualcosa di assai negativo, forse addirittura di una specie di orco delle fiabe.

Angelica conosceva quella storia. La nonna non aveva risparmiato nessuno della famiglia con quella storia. Ma una volta, sfogliando quell'unico album di fotografie che possedevano, aveva cercato inutilmente il ritratto del nonno, e meglio ancora la classica fotografia di nozze. Sapeva che il nonno era morto in guerra, quando il padre non era ancora nato, ma non capiva per quale motivo fosse stata eliminata ogni immagine di lui. Cominciò a cercare. Osò perfino aprire il cassetto della scrivania della nonna, col cuore in tumulto: guai se qualcuno l'avesse scoperta. Niente. Non trovò niente. Nessuna traccia dell'esistenza di quel fantomatico nonno, del quale del resto non si parlava mai. Solo più tardi, quando ormai aveva perso ogni interesse per quel personaggio, un pensiero improvviso, venuto chissà da dove, sconvolse le sue giornate. Quel nonno effettivamente non era mai esistito.

La nonna in realtà non si era mai sposata. Il padre e lei stessa portavano il cognome da ragazza della madre, cioè della nonna. Possibile che nessuno l'avesse notato prima?

Quanti anni avrà avuto quando arrivò a questa conclusione? Forse quindici. In un momento di lucidità, di colpo si era svegliata dal suo normale stato di torpore per scoprire qualcosa di proibito. Un inganno bello e buono perpetrato proprio dalla nonna, la persona più integra della famiglia.

Non osò mai chiedere né al padre né tanto meno alla nonna una qualsiasi spiegazione, ma la sua fantasia prese letteralmente a galoppare. Ormai era un pensiero fisso: la nonna così severa, di irreprensibili principi morali, che costringeva tutta la famiglia a osservare i precetti della Chiesa con estrema rigidezza, in realtà aveva condotto una vita dissoluta. Aveva avuto un figlio senza sposarsi! Era caduta in peccato mortale. Forse per questo si batteva il petto almeno due volte al giorno, la mattina e la sera, nell'inginocchiatoio della sua stanza, la testa china, come una vera penitente. Quante volte l'aveva vista in quella posizione? Doveva avere una quantità di peccati da scontare, ora lo sapeva. E inorridiva. Da allora aveva cominciato a guardarla con altri occhi, a scrutarla anche, magari si sarebbe tradita, le sarebbe sfuggito qualche commento, qualche parola sulla quale poter poi ricamare.

„Angelica, non mettere in bocca il cucchiaio della minestra se prima non ti sei fatta la croce e non hai ringraziato Dio del dono che ti fa."

Giorni, anni della sua vita, e sempre quella frase che le toglieva la voglia di mangiare. Le sorelle facevano spallucce, si segnavano e mormoravano velocemente una preghiera, senza darsi pensiero. Lei no. Ogni volta sentiva un rifiuto che montava direttamente dallo stomaco per strozzarsi in gola. Se avesse osato seguire la voce che dentro di lei urlava, si sarebbe alzata rinunciando al pranzo, non dopo aver buttato la tavola per aria, spaccato piatti e bicchieri in una scena selvaggia che vedeva ad occhi aperti. Con due mani avrebbe tirato la tovaglia rovesciando tutto per terra, senza risparmiare niente e nessuno, magari rinfacciando alla nonna il suo passato peccaminoso: un momento di grande teatralità, fulminante, semplicemente grandioso!

Ma quella era una voce pericolosa cui era meglio non dare ascolto.

La madre e il padre pregavano con grande serietà, gli occhi bassi e soltanto quando la nonna aveva finito le sue preghiere di ringraziamento si permettevano di prendere il cucchiaio in mano.

La nonna era sempre vestita di scuro, un collettino di merletto intorno al collo, due fili di perle assai preziose e una pesante catena d'oro cui pendeva un crocefisso di brillanti, sempre uguale. Quasi ogni giorno un prete sedeva alla loro tavola. Angelica era abituata a quelle presenze, alle tonache nere, ai visi contriti di quegli uomini, giovani e meno giovani. Non sembravano felici di essere lì, a quella tavola, sotto lo sguardo severo della nonna. Negli anni Sessanta era abbastanza raro vedere tanti sacerdoti andare e venire nelle case private, ancor meno in quella cittadina per tradizione rossa, dal primo all'ultimo abitante. La nonna non si curava dell'opinione degli altri. Era una donna ricca e conosceva fin troppo bene il potere del denaro.

III

Affacciandosi alla finestra, Angelica non mancava mai di gettare uno sguardo sull'angolo della strada, e più precisamente là dove finiva il muro della sua casa. Soltanto di mattina presto. Era un gesto meccanico, sapeva ormai che quell'essere a quattro zampe, aspettato con sempre minore speranza di rivederlo, non sarebbe più tornato.

Le prime settimane, dopo la sua sparizione, lo aveva cercato, chiamato varie volte al giorno e in particolare la mattina, all'alba, quando sapeva che, fosse stato in vita, avrebbe cercato la via di casa. Il suo gatto, o meglio la sua gatta, compagna della sua solitudine, era uscita come sempre per fare un giretto intorno alla casa e non era più rientrata. Certo aveva un'età rispettabile, non ricordava più quanti anni, per cui i suoi giri erano assai limitati; non si avventurava più, come in altri tempi, in luoghi lontani e soprattutto il bosco non l'attirava più.

Negli ultimi tempi la gatta l'aveva guardata in modo diverso. C'era una profonda tristezza nei suoi occhi, un sapere profondo, qualcosa di inesprimibile: voleva congedarsi da lei, la sua amica e protettrice, e forse chiedere scusa di non poter più fare niente per lei; era arrivato il grande momento, doveva lasciarla, per sempre. Aveva un solo cruccio. L'avrebbe lasciata sola. Del tutto sola. Lo sapeva, perché in quella casa non vedeva più nessuno, nessun estraneo per il quale valesse la pena nascondersi. Neanche la contadina che ormai conosceva. Nessuno. Neanche i gatti della vicina, ormai grandi e sempre più scostanti.

Si sdraiava sempre più spesso sul davanzale della finestra della cucina, approfittando del sole che attraverso i vetri riusciva ancora a riscaldare le sue vecchie ossa, e dormiva. O forse chiudeva gli occhi per stanchezza e abitudine; se Angelica entrava nella stanza drizzava le orecchie e la guardava, in attesa: voleva qualcosa da lei? E se la chiamava invitandola a mangiare, a fatica si trascinava sulle quattro zampe, si avvicinava alla sua ciotola, annusava il cibo e nonostante gli incoraggiamenti della sua padrona, senza neanche assaggiare un boccone, a testa bassa, avvilita di doverla deludere ancora una volta, tornava a sdraiarsi sul davanzale della finestra.

Per lungo tempo l'unico punto di riferimento era stata proprio lei, la sua gatta, l'unico essere che l'aveva costretta a riallacciare i fili con una realtà che le sfuggiva.

Fra loro si era stabilita una sorta di comunicazione non verbale che permetteva una comprensione a livello assai istintuale e diretto. Si guardavano e si intendevano.

Si conoscevano da sempre, loro due. Non aveva più di due mesi quando Angelica si era curata di lei, nella vecchia casa paterna, e quando era partita per trasferirsi quassù, nella solitudine di queste montagne, l'aveva presa con sé. In quell'ambiente estraneo anche lei sembrava disorientata, gli odori erano tutti da scoprire e ci volle del tempo prima che si sentisse sicura di muoversi in quelle poche stanze e poi fuori, dove stavano in agguato chissà quanti pericoli.

Micia, come la chiamava Angelica, per molto tempo le era venuta dietro come un cagnolino, in casa e fuori, e bastava la chiamasse per correre subito indietro. Forse temeva di non ritrovare la via del ritorno e la voce di Angelica era per lei il solo motivo di sicurezza. Ma quando Angelica gridava come una furia scatenata, fuggiva a nascondersi sotto una sedia, o dietro una panca, e ci restava anche per ore, finché tornava la calma. Poi, cauta, usciva allo scoperto, e si guardava intorno ancora spaurita. Angelica aveva pietà di lei.

Quando la gatta le permetteva di accarezzarla significava che era rientrata nella realtà. Imparò a riconoscere quel segnale: i fantasmi che fino a pochi momenti prima l'avevano tormentata si erano allontanati, lasciandola sconvolta e stanca, come dopo una lunga battaglia. Quella gatta doveva essere in possesso di un sesto senso, capiva infatti i suoi stati d'animo meglio di un medico, anzi percepiva anche i più sensibili mutamenti di umore, quando ancora non si manifestavano apertamente neanche a lei stessa. Col tempo Angelica cominciò a osservarla, interpretando i segnali che la bestiola le inviava: chiaramente in stato di allarme, il pelo ritto, la coda inquieta, se ne stava acquattata da una parte, all'erta, pronta a nascondersi. E la fissava in un certo suo modo particolare; inoltre non le permetteva di avvicinarsi, di toccarla, soffiando a ogni suo pur piccolo tentativo. Angelica capiva allora che si stava avvicinando un nuovo attacco di terrore incontrollato e prendeva le sue medicine.

Esiliata a vita. Così aveva decretato la nonna, una scena che nonostante il suo stato di grande confusione si era impressa nella memoria, a fuoco. La gatta l'aveva seguita dentro un cesto, silenziosa, durante tutto il viaggio in macchina; il padre alla guida, anche lui silenzioso, triste, e Angelica nel sedile accanto, col suo cesto in grembo. Era stato un viaggio assai lungo, anche perché il padre non era abituato alle strade di montagna. Ma forse guidava con particolare lentezza per allontanare il più possibile il momento della separazione. In fondo era d'accordo anche lui che lei lasciasse la casa, la famiglia, la loro città; troppo debole per protestare, per avere anche soltanto una propria opinione. Aveva accettato quella volontà che gli veniva imposta dalla madre con sollievo, perché gli evitava di prendere posizione, anche soltanto di pensarci su. In realtà, troppo sconvolto dagli ultimi avvenimenti, non era stato in grado di reagire, mentre la madre non aveva indugiato ad assumersi tutto il peso di quella decisione, togliendo a lui ogni responsabilità.

Un viaggio che aveva ripercorso nella mente più e più volte, sempre sorpresa dalla propria apatia, da quella sorta di fatalismo che la paralizzava da quando era nata, anche e soprattutto nei momenti in cui sarebbe stata necessaria una reazione, una qualunque, ma una reazione che le dimostrasse di essere partecipe, di far parte di quella comunità umana. Ma inconsciamente aveva paura delle proprie reazioni, le temeva più di ogni altro, perché sentiva qualcosa ribollire dentro di sé, come tuoni lontani, minacciosi, che annunciano un temporale. O forse una tempesta.

Come sarebbe stata la sua vita fra quelle montagne? Durante quel viaggio non aveva pensato al futuro. Non aveva pensato a niente e ne conservava ancora un ricordo sfuocato, quasi si fosse trattato di un sogno. Un sogno vissuto dentro una realtà allucinante.

Ancora anni dopo non capiva come mai non avesse protestato, urlato durante quel viaggio. Inebetita, la mente annebbiata dai farmaci che le avevano fatto ingoiare, aveva guardato la strada senza vederla, quasi non si fosse trattato di lei, della sua persona, della propria vita.

Ma forse aveva reagito, solo che lo aveva dimenticato, un ricordo sepolto da qualche parte, in un posto sconosciuto.

La gatta era via e ormai non sarebbe tornata più. Aveva cercato la morte altrove, lontano da lei, per non darle quell'ultimo dolore, quell'ultimo strazio. Era uscita di notte, in pieno inverno, il 2 gennaio e non era rientrata; di certo si era addormentata nel fitto della boscaglia lasciandosi congelare, il più lontano possibile dalla sua casa, affinché lei non potesse trovarla. Perché la gatta sapeva che Angelica l'avrebbe cercata tutto il giorno, già dall'alba, appena si fosse accorta della sua scomparsa.

E così era stato.

„Micia... Micia, Micetta... dove sei?". Ed era andata per i boschi, nonostante la neve e il freddo, sempre chiamando e piangendo.

Per diversi giorni.

Una nuova solitudine che si aggiungeva a tutte le solitudini della sua vita.

Ormai non aspettava più nessuno: il padre era morto e neanche in quell'occasione le era stato permesso di tornare a casa. Aveva saputo della sua scomparsa soltanto qualche tempo dopo. La sorella Elisa le aveva scritto che tutto era già passato. Anche il funerale. Era rimasta a lungo con quella lettera in mano, incredula. Il padre veniva, con regolarità, una volta al mese, qui, fra le montagne, e lei aveva capito che nessuno della famiglia lo sapeva, forse soltanto la nonna. Non avrebbe saputo spiegare da cosa le fosse venuta quella certezza.

Anche il padre era silenzioso, come queste montagne. Ma il suo era un silenzio diverso. Colpevole. Stava seduto qualche tempo al piccolo tavolo della cucina, osservava i muri intorno, quasi fossero più importanti di lei, sua figlia, e taceva. Evitava di incontrare i suoi occhi e rispondeva alle poche domande sulla sua salute e su quella della madre a monosillabi. Cosa può dire un uomo che non ha saputo proteggere la propria creatura e lentamente ne prende coscienza? Poi, se il tempo lo permetteva, uscivano a fare quattro passi lungo un sentiero accanto alla casa, silenziosi, in un accordo non verbale che conoscevano da sempre. Il padre forse viveva anche lui in sogno, come lei, e se la realtà lo costringeva ad aprire gli occhi le sue reazioni avevano sempre un lungo margine di ritardo rispetto a quanto accadeva. Un uomo indeciso, timoroso, sottomesso alla madre, con un vago senso di colpa nei suoi confronti, colpevole di essere nato, di aver con la sua nascita compromesso la sua esistenza. Parole mai dette, forse confusamente sentite: per quei pensieri mancavano le parole. Nessuno le aveva ancora inventate.

Un giorno, invece di arrivare lui in persona, era venuto Enrico, il postino, con quella lettera.

Angelica non sapeva quando il padre avesse capito di essere nato fuori dal sacrosanto matrimonio. Di questo in casa non si parlava mai.

Ma la certezza, la certezza mancava.

Di una sola cosa era certa: la nonna aveva chiuso la bocca al figlio troppo indiscreto. Lo aveva umiliato, minacciato, rinfacciato che il pane che mangiava proveniva da lei, solo da lei. Parole che Angelica aveva sentito varie volte, riferite ad altre persone. Anche a lei stessa. Di certo le aveva dette anche al padre.

Una volta Angelica, da ragazza, in uno dei suoi momenti di grande lucidità, si era chiesta come era stato possibile che il padre si fosse sposato e si era subito vergognata di quel pensiero. Mai avrebbe chiesto alla madre come aveva conosciuto il padre. Ma Rosangela, la penultima sorella, più ribelle delle altre, lo aveva fatto.

„È una storia molto semplice. La nonna conosceva i miei genitori e si sono messi d'accordo fra di loro. Io del resto da tempo avevo giornalmente a che fare con vostro padre, era il mio capo... infine, ci conoscevamo. Ecco com'è andata."

Aveva poi sentito i commenti delle sorelle, le risatine; forse anche loro si sarebbero sposate con lo stesso metodo. Sembrava molto semplice e i genitori non litigavano mai. Fra loro regnava una pace di morte, così sembrava a lei, mai una discussione, mai una presa di posizione da parte di uno di loro. Non parlavano. Non avevano niente da dirsi. Sembravano morti già prima di essere nati. Il padre, certo, era stato ucciso dalla nonna onnipotente, ma la madre? Perché si sottometteva sempre, perché non reagiva mai, perché non aveva una propria volontà?

Angelica, finché era vissuta nella casa della nonna, non si era permessa di osservare la propria famiglia con occhio critico. Ma da quando aveva cominciato a prendere coscienza di sé, ora che era così lontana non soltanto in senso spaziale, ora non riusciva più a evitare un giudizio.

Morto il padre, spezzato quel legame, ammutolita l'ultima voce che in qualche modo la riportava alla sua vita precedente, sentì più che mai la sua estraneità, la sua non appartenenza a quella famiglia.

Da quando era qui, trascorreva le sue giornate fra una corsa e l'altra. Dopo i primi mesi in cui non aveva osato allontanarsi dal focolare di casa, quasi una vestale che custodisce il fuoco sacro, aveva cominciato ad avventurarsi, un po' per volta, per raccogliere rami secchi e poi funghi e frutti di bosco, allargando sempre più i suoi giri, esplorando la zona vicina e oltre.

Proprio come la sua gatta. Anch'essa nei primi tempi non aveva osato uscire oltre la soglia di casa. Si era guardata intorno in attesa e dopo un certo tempo aveva ricevuto la visita dei gattini della contadina, due piccoli ancora giocherelloni e particolarmente affamati. Si vedeva che oltre ai topi che riuscivano ad acciuffare non avevano altro nutrimento, per cui si buttavano come due ladri sulla ciotola della Micia e divoravano in due bocconi i resti lasciati lì: la proprietaria li osservava curiosa, senza turbarsi, senza intervenire. Finì che non passava giorno senza che quei due piccoli delinquenti non tentassero di entrare nella casa per cercare qualcosa da mangiare. Angelica non li cacciava via, anzi metteva qualcosa in più per loro, e la sua gatta non era affatto gelosa. Ma non si avvicinava. Sentiva che erano aggressivi, in un certo senso più 'indietro' di lei, non ancora civilizzati. Due piccoli selvaggi senza alcuna educazione. Mantenne questo atteggiamento nei confronti dei gatti vicini fino alla morte; li tollerava e basta; amicizia e, peggio, inimicizia non rientravano in questo rapporto fra una gatta nobile come lei e due poveri disperati sempre in cerca di cibo. Anche loro la rispettavano. Eccettuata qualche soffiata di avvertimento quando anche lei, come la sua padrona, prese a esplorare i dintorni, non osavano.

E come la sua gatta anche Angelica aveva imparato a conoscere ogni sentiero, ogni anfratto, ogni dirupo dei boschi che si estendevano davanti e dietro la casa. Le montagne, lontane e pur tanto presenti, non le erano più nemiche come prima, anzi col tempo aveva imparato ad amarle. Continuava però ad avere un rispetto quasi reverenziale per quelle creature primordiali, perché considerava anche le montagne creature della Terra, come gli alberi, i fili d'erba, i cespugli, gli animali e anche la notte con tutti i suoi misteri. Strano che considerasse la Terra madre di tutto, escludendo in questo la funzione di Dio, nonostante credesse nella sua reale esistenza. Infatti, durante i suoi lunghi vagabondaggi, era in continuo dialogo con Lui, non senza qualche inquietante dissenso, seguito da disperati tentativi di conciliazione e nuove ricadute.

Il suo unico interlocutore era proprio Dio. Ma da Lui non riceveva mai risposte definitive. Anzi, nessuna risposta in assoluto. Senza rendersene conto, aveva preso l'abitudine di raccontare tutto a Dio chiedendogli impossibili spiegazioni: perché non era intervenuto nel tal momento, perché non aveva impedito che accadessero certe cose, perché aveva distolto lo sguardo da lei proprio quando ne avrebbe avuto più bisogno. Spesso e soprattutto nei primi tempi del suo soggiorno lì, si era sorpresa a parlare a voce alta, anzi a gridare nella solitudine delle montagne e dei boschi cercando Dio, chiamandolo, accusandolo. Mai una risposta. E continuava a cercarlo in ogni sasso, in ogni volo d'uccelli, in ogni filo d'erba: Dio, dove sei? gridava, perché ti nascondi? Perché mi lasci sola?

Era un dibattito continuo, senza alcuna possibilità di soluzione. Un dialogo con un interlocutore assente e pur misteriosamente presente... e mai pensò che le domande e le risposte nascevano da lei, soltanto da lei. O da quell'altro io dissociato che continuava a vivere in lei, già dall'infanzia. La nonna lo chiamava Angelo Custode, o coscienza interiore.

„L'Occhio di Dio ti guarda e ti giudica ogni attimo, ogni secondo della tua vita e non gli sfugge nulla."

Per Angelica, un nemico sempre in agguato, pronto a punirla per ogni piccola mancanza.

I pensieri venivano su da soli, non riusciva a mandarli indietro, soprattutto da quando il padre era morto. Ora, dopo anni di silenzio interiore, era un ribollire di pensieri. Ne veniva aggredita, sommersa come da onde altissime, violente, tenute a stento da anni di apatia e forse più dall'effetto dei farmaci. E anche tante parole dimenticate riaffioravano, parole pesanti come massi che la colpivano, la schiacciavano, la ferivano a sangue. Domande che non richiedevano una risposta, che non aveva osato porre al padre durante le sue brevi visite, che non avrebbe mai voluto formulare. Tanti perché senza risposte.

Una libera morte, aveva scritto la sorella. Cosa aveva inteso per libera morte? Un suicidio? E perché? C'è una morte libera e una morte che arriva da sola, senza intermediari? Cioè si muore quando si desidera morire? È questo il suicidio? O interviene qualcosa da fuori, un aiuto? Sapeva poco della famiglia, ma almeno era certa che negli ultimi tempi il padre non era stato malato, e le ultime volte aveva notato una particolare disperazione nei suoi occhi, ma più che disperazione un vuoto, una rinuncia alla vita, alla speranza: per questo era morto? In quel vuoto si era insediata la morte, così doveva essere stato; era venuta appunto per riempire quel vuoto, per impossessarsi di lui in tutta la sua interezza. Quell'ultima volta doveva sapere che si trattava di un incontro definitivo, perché aveva parlato a lungo con lei, un fatto assai raro. Le aveva raccontato della propria infanzia piena di solitudine, priva di affetto, di tenerezza; dell'estrema severità della madre, e per la prima volta aveva perfino accennato alla mancanza della figura paterna. Disse di non averlo mai conosciuto, di non sapere niente di lui. La madre si era sempre rifiutata di parlarne. Confessò di aver pensato a lui, soprattutto negli ultimi tempi, cercando in se stesso la persona del padre che pur doveva vivere in lui: forse qualche tratto del carattere di quell'uomo era rimasto in lui, qualche somiglianza somatica che la madre non voleva rivedere nel proprio figlio. Nasceva da questo la sua incapacità di amarlo?

Poi si era scusato di non averle dato di più, di non aver saputo dare di più alla famiglia, perché lui stesso aveva assai poco. Le chiese perfino perdono di non averla difesa, di averla lasciata sola fra quelle montagne, di averla portata in quel luogo che si chiamava Speloncа pur essendo tutt'altro che una spelonca; ma anche prima, quando ancora viveva nella loro casa. Anzi disse nella casa della nonna, perché lui stesso non la considerava la sua casa. Aggiunse di non aver imparato a mostrare i propri sentimenti, ma che lei, la sua bambina, l'aveva amata fin dalla nascita. E andando via l'abbracciò come mai prima, quasi con disperazione, lasciandola più sconvolta del solito.

Soltanto più tardi capì che era stato un congedo.

A lui era venuto a mancare il piacere di vivere, così essenziale per continuare giorno dopo giorno ad alzarsi, vestirsi, lasciarsi coinvolgere in attività senza senso, inutili, come concludere affari, ordinare merci per poi rivenderle, guadagnare soldi per depositarli in banca: aveva mai conosciuto il piacere di maneggiare il denaro? Che altro era stata la sua vita, da sempre? La mattina usciva di casa, andava al solito bar, prendeva un caffè e un cornetto, per poi chiudersi nel suo ufficio fino all'ora di pranzo. Il resto, assai prevedibile. Magari avesse avuto una doppia vita, una bella amante giovane, o più amanti nelle città vicine, dove era costretto ad andare almeno una volta la settimana per controllare i negozi che avevano lì; oppure una passione inconfessabile per il gioco d'azzardo e dilapidare così, ma segretamente, il patrimonio della madre. Anche scrivere poesie, di notte, nel silenzio della grande casa, all'insaputa di tutti, soprattutto della nonna.

Angelica veniva sorpresa da pensieri che mai avrebbe immaginato prima, quando ancora abitava nella vecchia casa: la sua mente si svegliava, si schiariva e i pensieri fluivano dando un nuovo significato a tutte le cose. Ora che era morto, avrebbe desiderato che il padre avesse avuto una vita più intensa, imprevedibile, avventurosa. Qualcosa di diverso che riempisse il vuoto della sua esistenza, l'inutilità del ripetere sempre le stesse azioni, di incontrare sempre le stesse persone, magari parlando sempre delle stesse cose: è tutto qui, la vita? In questo continuo ripetersi? Si chiedeva sempre più spesso.

E sentiva una nuova affinità con lui, un'empatia che mai aveva immaginato possibile verso un componente la propria famiglia. Accettava anche la sua incapacità di esserle stato padre, scusava questa debolezza della quale non lo considerava responsabile. La nonna lo aveva soffocato al punto da togliergli anche il desiderio di essere; lo aveva spento interiormente, come si spegne un fuocherello al suo nascere.

Era nato in un periodo di grandi rivolgimenti nel Paese, in tempi politicamente assai difficili. Il presunto padre era partito per non tornare più. Con molta probabilità era morto. Così si diceva. Forse non seppe mai di aver generato un figlio; inoltre il padre della nonna aveva molti nemici. Non sapeva da chi avesse avuto questa informazione, era però una cosa sicura. Ma che c'entrava il padre della nonna con la nascita del proprio padre? Una persona, una donna che ancora nella sua famiglia copriva un ruolo di non poca importanza, le aveva raccontato di certe vendette di cui era stato vittima il padre della nonna, per motivi politici, ma anche per invidia, essendo un uomo assai ricco. Lì si era fermata, non aveva voluto andare oltre. Ma quella donna raccontava spesso storie inventate, prodotte dalla sua fantasia, e aveva la cattiva abitudine di calunniare, di mettere il sospetto in ognuno che l'ascoltava. Angelica non sapeva se credere in quella storia. Soprattutto mancavano le prove. L'unico dato sicuro era l'immenso patrimonio della nonna.

IV

La mattina, subito dopo aver rimesso il letto in ordine, anche questa un'abitudine ferrea inculcatale dalla nonna, quando prima di andare a scuola doveva rifare il letto altrimenti non avrebbe avuto il permesso di uscire di casa, andava fuori. Le bastava percorrere una cinquantina di metri, un prato, per trovarsi nella vecchia casa dei contadini, grande e piuttosto malandata. Man mano scoprì che quelle mura risalivano ad alcuni secoli prima: su un truogolo scavato nella roccia trovò una data, 1811; altrove, altri segni di un passato ancora più remoto. Avrebbe voluto sapere di più ma non osò mai chiedere.

«Buongiorno... posso avere un po' di latte?» La sua vicina, una contadina di montagna di modi assai bruschi, anzi ruvidi, modi che mantenne per tutti gli anni della loro vicinanza, viveva sola con un vecchio. Angelica non aveva capito se fosse il padre, il suocero o chissà chi. Un vecchio sdentato che sedeva, quando il tempo lo permetteva, fin dal primo mattino davanti alla porta di casa per riscaldarsi al sole. Appena la vedeva arrivare, tentava di dirle qualcosa che lei immancabilmente non capiva. Angelica si fermava un momento perplessa e scuoteva la testa. Il vecchio dopo un po' lasciava perdere, rassegnato, convinto che la donna non avesse voglia di parlare con lui. Mai lo sfiorò il dubbio che lei in realtà non capiva la sua lingua o meglio il suo dialetto.

Anni dopo e con un certo ritardo, si accorse di non averlo visto più da tempo. Doveva essere morto. Magari lo avevano portato via durante una delle sue corse per i boschi. Ora di certo riposava nel piccolo cimitero, al paese. Una delle tombe coperte di fiori che lei immancabilmente visitava, ogni volta che scendeva giù per prendere la corriera.

La sua casetta, assai primitiva, senza acqua né luce, almeno all'inizio del suo soggiorno, era quella che i contadini costruivano per i genitori, quando il maso passava al figlio maggiore. La nonna l'aveva comprata in un momento di particolari ristrettezze. Angelica si sentiva ancora, dopo tanti anni, appena appena sopportata, in ogni caso non accettata. La donna, di una cinquantina d'anni, robusta, anzi energica, ogni mattina la guardava in un certo modo sospetto, quasi si aspettasse da lei chissà quali reazioni insensate. Magari era stata avvertita di stare in guardia, benché Angelica non fosse affatto pericolosa e se gridava lo faceva quasi sempre nel bosco o nel chiuso della sua casetta.

Fin dal primo giorno un profondo senso di estraneità, una sorta di malessere quasi viscerale, non le aveva permesso di sentirsi in casa propria. Ma quel sentimento di estraneità non era affatto nuovo in lei, lo conosceva da sempre, l'aveva accompagnata passo passo fin dalla nascita. Faceva parte di lei.

E poi c'era il problema della lingua. Si capivano poco e niente. Non sapeva se per cattiva volontà dei vicini, che si ostinavano a parlare una lingua straniera, la loro lingua, o per effettiva incapacità. Col tempo capì che si trattava di un dialetto del luogo e che non conoscevano altro. Forse, dietro quel rifiuto di comunicare non c'era neanche del malanimo, solo una reale impossibilità.

Da lei riceveva latte, uova, pane e ogni giorno, puntuale, alle 11, una minestra calda di verdure, ma più spesso tre strane polpette di pane, che in seguito seppe chiamarsi *Knödel,* in una brodino di non sapeva cosa. Ma si era abituata, anche perché per molto tempo non fu in grado di cucinare da sé, per via di una grande confusione mentale, che col tempo si attenuò fino a scomparire. La contadina veniva con un piccolo recipiente di alluminio, una specie di gavetta forse del tempo di guerra, cercava un piatto nella piccola credenza che conosceva in ogni caso meglio di Angelica, versava la minestra e senza una parola se ne andava. Una volta al mese poi, riceveva una piccola somma di denaro direttamente dalla nonna, un vaglia postale, un prezzo evidentemente pattuito già dall'inizio, perché badasse alla nipote, ne avesse cura, il minimo possibile, senza che Angelica ne sapesse qualcosa. Col tempo non fu più necessario quell'aiuto: Angelica imparò a badare a se stessa, ma continuò a ricevere dalla contadina gli alimenti di prima necessità.

La nonna aveva provveduto a tutto: ogni mese, con qualsiasi tempo, pioggia, neve, arrivava Enrico il postino in vespa o a piedi, con un vaglia anche per lei; un italiano, cioè uno che parlava la sua stessa lingua, che cercava di intrattenerla con lunghi discorsi che lei ascoltava ogni volta sorpresa, stranita, ma rassicurata di sentire qualcuno parlare. Si trattava di una somma che le consentiva di coprire i suoi modesti bisogni giornalieri. L'unico inconveniente era che doveva andare alla posta, nel paese vicino. Il padre ogni volta che veniva le dava del denaro, e cosa più importante, le portava una quantità di cibo. Pacchetti, forse preparati dalla nonna che lui consegnava senza una parola.

La nonna non dimenticava mai di scrivere due parole sul vaglia, sempre le stesse: per il tuo sostentamento. Mai un saluto, mai una parola diversa.

Andare in paese comportava un sovvertimento del suo ritmo di vita, un cammino di un'ora buona fra boschi, prati, attraverso un torrente che riempiva la vallata della sua voce tempestosa, quasi un sottofondo sonoro cui si abituò assai presto, fra salite e discese, fino ad arrivare sulla strada statale dove si trovava la fermata della corriera. A volte le capitava di incontrare qualche contadina con la quale scambiava un breve cenno di saluto intanto che camminavano insieme; per Angelica una benedizione, dato che per molto tempo quei boschi l'avevano spaventata. Nessuna delle due pensava di scambiare qualche parola, tanto era sottinteso che non si sarebbero capite; inoltre sembrava che in quella zona tutti la conoscessero e sapessero che era meglio evitare di parlare con lei. Forse la consideravano una delle tante Salighe, donne selvatiche delle Dolomiti, un mito non dimenticato delle regioni alpine. Infatti nessuno le rivolgeva la parola per timore di restare incantata. Angelica non lo sapeva, anzi il silenzio delle poche persone che durante le sue corse incontrava non la disturbava affatto. Non erano soltanto difficoltà linguistiche. Si trattava di paure, di forti inibizioni da ambedue le parti; per lei in ogni caso significava superare quella linea di confine fra realtà e irrealtà, nella quale per lungo tempo fu costretta a dibattersi.

La corriera passava solo una volta al giorno, di mattina assai presto, a volte appena all'alba, a seconda della stagione, per tornare nel tardo pomeriggio, e allora doveva correre su, quasi al buio, percorrendo gli ultimi metri col fiato grosso e il cuore che batteva a precipizio. Non seppe mai se per l'agitazione o per la corsa. Il buio del bosco la impauriva.

In queste occasioni era costretta a trascorrere tutto il giorno in paese. Ogni volta ne approfittava per fare qualche spesa nei pochi negozi, cercando di allungare la giornata il più possibile. Le ore sembrava non volessero scorrere col ritmo normale. Ma le sue giornate erano sempre assai lunghe, ovunque si trovasse. Infine si avvicinava alla fermata della corriera e aspettava. Varna era un paese senza un vero centro, con strade che si allungavano in varie direzioni, poche case, una chiesa su una altura con un piccolo cimitero dove, se il tempo era bello, saliva per godere di un vasto panorama. Lì si soffermava a osservare le tombe, a cercare di leggere i nomi scritti sulle tante croci. Col tempo notò che soltanto pochi nomi erano italiani. Leggeva ogni volta le lapidi dedicate ai caduti delle due grandi guerre, e anche lì c'erano solo nomi tedeschi, tutti giovani morti nei luoghi più lontani, per la maggior parte nell'Europa orientale. In quel cimitero per la prima volta si sentì ancor più straniera che fra le montagne: le montagne non hanno nazionalità, mentre la gente che giaceva sotto quella terra ne aveva una e non era italiana. Uno strano pensiero che si portò dietro per molto tempo; si convinse infatti di vivere fra stranieri, e la lingua che sentiva parlare ne era una conferma.

Non ricordava più quando aveva imparato a badare a se stessa. La nonna, in una delle sue sfuriate, aveva decretato che lei mai sarebbe stata in grado di fare qualcosa di ragionevole. Angelica le aveva creduto, anche perché alcuni tentativi di metterla a lavorare in uno dei suoi negozi erano falliti miseramente: la ragazza sembrava non avere la testa per niente, al contrario di Elisa che subito si era integrata sostituendo all'occorrenza personale mancante per malattia o altro. Certo aveva finito la scuola, senza molta convinzione, ma oltre a leggere e scrivere e qualche vaga infarinatura storico–letteraria, giusto quello che le aveva fornito la scuola, non sapeva. Non si era mai chiesta cosa volesse fare della propria vita, se lavorare oppure continuare a studiare, o metter su famiglia, cioè sposarsi e avere figli, come era intenzione di molte compagne di scuola, ma anche delle sorelle. Ognuno sapeva cosa voleva dalla vita. Lei no. Ma in ogni caso al matrimonio come soluzione a tutti i problemi esistenziali non aveva mai pensato.

Per anni era vissuta in una sorta di limbo, in un mondo di pace fittizia, dominato da innumerevoli tabù e divieti angosciosi, tutti sostenuti da precetti basati su una severissima regola religiosa imposta dalla nonna e dai suoi tanti amici preti.

V

La fine dell'infanzia, e la sua era stata un'infanzia lunga, subita più che vissuta coscientemente, fu decisa dal suo corpo: una mattina si svegliò e trovò il suo letto macchiato di sangue. L'osservò a lungo, incredula. Poi corse dalla mamma e le disse di venire a vedere, forse si era ferita durante la notte, o era ammalata, come spiegare altrimenti quelle gocce di sangue sul lenzuolo bianco immacolato? Anche le sorelle si erano precipitate a vedere. La madre le mandò subito via. „Non è cosa per bambine piccole", disse, „ormai Angelica è diventata grande!"

Dal giorno alla notte. Senza alcun preavviso.

Quel giorno aveva riflettuto a lungo, durante le lezioni a scuola. Una bambina diventa donna attraverso una perdita di sangue, cioè della parte più importante del corpo, la linfa prima della vita umana. Altre volte aveva perso del sangue in seguito a qualche ferita, ma nessuno aveva detto che quelle gocce rosse avessero un significato particolare: ora veniva a sapere che in quel sangue si nascondeva il grande mistero della femminilità. Perché? Era forse un sangue speciale? E che altro sarebbe accaduto? Attraverso quali prove sarebbe stata costretta a passare per confermare il proprio diritto al proprio sesso, al suo essere femmina? E a chi rivolgere quelle domande, chi avrebbe potuto tranquillizzarla?

Angelica a tredici anni era ancora una bambina timida, introversa. Non bella, per lo meno lei non si trovava bella e la madre, la nonna, tutta la famiglia sembravano non tener conto dell'aspetto fisico, quasi un essere umano fosse fatto di solo spirito. Il corpo veniva ignorato o meglio era considerato un male necessario, incomodo, che bisognava nutrire, proteggere dal freddo per non ammalarsi, o dal caldo, per non sudare troppo. Anche gli abiti rispecchiavano questa mentalità: puliti, ordinati, ma niente che avesse a che fare con la moda del momento. Caldi d'inverno. Leggeri d'estate. Di più non era permesso. Finché erano piccole le sorelle avevano accettato con poche proteste questi comandamenti voluti dalla nonna. Lei, la maggiore, era stata sempre la più remissiva, o meglio la più indifferente alle sollecitazioni che venivano da fuori e la madre, la nonna, la portavano ad esempio. Così e non altrimenti avrebbero dovuto comportarsi le sorelle minori. Elisa, la più vicina per età, era in continua guerra con lei, la picchiava tutte le volte che se ne presentava l'occasione, la umiliava a scuola davanti alle compagne.

„Ecco la santarellina", gridava appena la vedeva nel cortile della scuola, sempre appartata, sola. Angelica non aveva neanche l'amica del cuore e se riusciva a uscire dall'abituale riserbo le veniva più facile farlo con la sorellina minore, Ivana, l'ultima.

E fu proprio questa bambina a farle notare la trasformazione del suo corpo. Lei fino a quel momento aveva tentato di ignorarlo, più che altro spaventata.

„Tu hai il seno come la mamma", e le mise subito le mani addosso, per accertarsene. Poi commentò: „è più piccolo e più duro. Che ci hai messo dentro?"

Angelica non osò toccarsi. La nonna aveva sempre predicato che toccare il proprio corpo era peccato mortale, ma non aveva mai aggiunto che farsi toccare fosse ugualmente peccaminoso. La sorellina la toccò e ritoccò, poi le chiese di spogliarsi; per non essere disturbate da nessuno andarono in soffitta. La piccola, estremamente eccitata, volle perfino leccarla, succhiare i piccoli capezzoli. Disse che voleva assaggiarla. Angelica la lasciò fare, stupita ma anche curiosa di questo esperimento.

„Non sa di niente." Fu il commento di Ivana, delusa. Angelica al contrario aveva sentito un solletico piacevole, un rimescolio sconosciuto, mentre un leggero rossore saliva dal collo fin sulle guance: cosa le stava accadendo?

„Quando sarò grande come te avrò anch'io un seno come il tuo... di sicuro più grande e meno duro." E sospirò già impaziente di dover attendere tanti anni.

La sera poi, al momento di andare a letto non poté più trattenersi:

„Angelica ha due mele sul petto. Angelica ha due mele sul petto... lo so, le ho viste, le ho anche assaggiate e non sanno di niente", gridava saltellando per la stanza.

„Che mele? Di che mele stai parlando?", gridarono le altre sorelle. „Fa vedere anche a noi." E in un momento furono tutte e tre su di lei. Le strapparono la camicia da notte di dosso e Angelica, presa di contropiede, non seppe difendersi. Ma ciò che la sorprese di più fu il proprio compiacimento, il sottile brivido di piacere nel sentirsi al centro dell'attenzione. Fu allora brancicata da cento mani, palpata, strizzata, assaggiata, leccata, succhiata, tirata da tutte le parti: le tre bambine sembravano uscite di testa tanto erano eccitate, e gridavano, ridevano, si urtavano finché caddero per terra, una sull'altra, in un groviglio di gambe, braccia, fra risate e strilli. Di colpo la porta si aprì e la nonna entrò.

„Cos'è questo fracasso? Cosa sta succedendo qui?" Le bambine corsero subito ognuna nel proprio letto. Solo Angelica restò imbambolata in mezzo alla stanza, ancora per terra, nuda.

„E tu che fai lì per terra... perché non hai messo la camicia da notte? Sei abbastanza grande per essere di esempio alle tue sorelle... dovresti vergognarti." Gli occhi della nonna erano duri, freddi, inquisitori, fissi sulle due piccole mele, origine di quel fracasso. Lei era capace di vedere attraverso le porte chiuse, attraverso gli spessi muri della casa e, se necessario, anche a grande distanza. Uscì subito, sbattendo la porta e in quel gesto abbastanza desueto per lei, le bambine percepirono una sicura minaccia: ci sarebbe stato un seguito, questo era certo.

La nonna più che indignata, come ognuno si sarebbe aspettato, era nauseata. Quelle bambine non erano affatto angioletti mandati dal cielo. Peccavano già di lussuria!

Qualche giorno dopo su ogni letto delle bambine apparve uno stranissimo pigiama a un solo pezzo, fatto confezionare in fretta e furia dalla nonna, una specie di camicia di forza che avrebbe impedito alle bambine ogni possibile contatto fra manine non proprio innocenti e un corpo niente affatto disposto a negarsi.

Il ricordo di quella specie di orgia riusciva ancora, a distanza di tanti anni, a darle un senso di malessere e non sapeva se per l'ingiustizia patita – la nonna aveva guardato solo lei con occhi cattivi – o per il piacere che suo malgrado le aveva procurato l'improvviso interesse delle sorelle. Un turbamento nuovo, lo ricordava ancora, aveva attraversato il suo corpo dalla testa ai piedi: si era sentita travolgere da un'onda di piacere sconosciuto, da una sorta di sfinimento mai provato prima.

Il suo corpo le riservava una quantità di sorprese.

La severità della nonna, il pigiama a un solo pezzo, l'atmosfera di continuo controllo che si era instaurata in casa, in questo coinvolte anche la madre e le due donne di servizio, più la Celerina, la cosiddetta governante, non riuscirono a frenare l'esplosione di sensualità che aveva contagiato tutte e quattro le sorelle. Elisa aveva una strana luce negli occhi. Bastava si guardassero a tavola, ma anche tutte le volte che si incontravano in casa o fuori, per ridacchiare, complici di una nuova intesa: avevano scoperto qualcosa di proibito... e il loro riso era diverso, aveva perso l'ingenuità dell'infanzia. Ma forse era un'ingenuità diversa. Una nuova dimensione di ingenuità, sconosciuta agli adulti. Fra le due grandi, poi, si era stabilito una specie di armistizio e meglio sarebbe dire una sorta di connivenza. E ancora un nuovo motivo di grande eccitazione: le sorelline più piccole avevano scoperto che anche Elisa aveva due mele sul petto! Ora tutte e quattro sembravano prese da una frenesia, da una smania che niente, nessuna proibizione avrebbe potuto frenare. Si nascondevano in soffitta, si chiudevano in bagno, si alzavano la notte per infilarsi nel letto delle sorelle più grandi per tastarle, toccarle soffocando a stento le risa. Angelica era la più permissiva, da lei potevano andare sempre e nonostante il pigiama riuscivano a penetrare nei segreti del suo corpo e più sentivano di fare qualcosa di proibito più lo desideravano.

La nonna notò le ombre sotto gli occhi, la sovreccitazione delle più piccole e pensò di dividerle.

„È ora che le due grandi abbiano una stanza tutta per loro", decretò da un giorno all'altro e detto fatto fu liberata una stanza fino a quel momento sempre chiusa, dove aveva abitato una vecchia governante morta da anni. Nella camera furono sistemati due lettini, una scrivania e un grande armadio. Angelica ed Elisa non furono affatto entusiaste di quel cambiamento e ancor meno le due piccole, ma era impossibile discutere sulle decisioni della nonna: la mamma non intervenne e il padre ignorava per principio quanto accadeva in casa.

La prima notte le due ragazze, forse per scacciare quel senso di solitudine cui non erano abituate, dormirono nello stesso letto. Durante la notte Elisa fu svegliata da un incubo. Le sembrava di cadere giù, in qualcosa di buio. Allungò una mano e si afferrò al corpo che sentì accanto a sé. Angelica non si svegliò, il suo era ancora un sonno assai pesante. Elisa cercò i piccoli promontori e già il contatto con essi la calmò. La mattina dopo le raccontò la sua esperienza notturna. Fra risate e ammiccamenti, disse di aver scoperto un nuovo gioco e voleva riprovarlo insieme alla sorella. Le disse che si sarebbero divertite insieme.

„La nonna lo ha proibito... ha detto che è peccato mortale..."

„E tu credi a quello che dice la nonna? E poi non ha parlato di questo gioco. Lei non sa niente di questi giochi, cosa vuoi che ne sappia, lei! Io invece so che lo fanno tutte... me l'ha raccontato la Carla... lei lo fa ogni sera prima di addormentarsi."

„E poi lo dice in confessione?"

„Quanto sei sciocca. Certo che no. Dice semplicemente di aver dimenticato, di perdonare i peccati del pensiero..."

„Ma non si tratta di pensiero."

„Beh, allora fa come credi... sei sempre la solita stupida."

Ma la sera Elisa venne di nuovo nel suo letto perché disse di temere lo spirito della governante morta, magari contraria che la sua stanza fosse occupata da loro. Angelica si lasciò contagiare dalla sua paura e l'accolse con sollievo. Dopo qualche minuto era già coinvolta nel nuovo gioco di Elisa, prima restia poi sempre più eccitata: era difficile resistere. Ma il giorno seguente fu angosciata da fortissimi sensi di colpa. Insoliti rossori le coprivano le guance. Non trovò neanche il coraggio di guardarsi allo specchio, di guardare la nonna negli occhi, se questa parlava con lei; di guardare qualsiasi persona; di concentrarsi sui libri di scuola. A scuola poi era stata interrogata e aveva fatto scena muta. Non sapeva di cosa si stesse parlando, né di quale materia si trattasse e, cosa ancora più grave, non si era neanche vergognata davanti al professore, tanto era persa altrove, nel ricordo continuo di quanto era accaduto la sera prima. Elisa aveva molta fantasia, non mancava di audacia e osava esperimenti che la sconvolgevano, e se soltanto si rifiutava di provare l'accusava di vigliaccheria, la copriva di insulti, la picchiava.

„Elisa. È stata lei a corrompermi."

VI

Quella notte dormì poco. Un sogno, subito dimenticato, l'aveva svegliata. Si alzò e aprì le imposte della piccola finestra che date le dimensioni assai ridotte rischiarava appena la cameretta. Qui oltre a un letto a baldacchino di legno grezzo, trovato in quella casa, con tende di stoffa a quadretti bianchi e rossi che lei non aveva mai usato perché non ne aveva capito la necessità, senza dire che erano piene di polvere, c'era giusto posto per una sedia e un baule di legno dipinto a fiori, su fondo turchino, anche questo rimasto lì forse da quando era stata costruita la casetta.

Appena arrivata, anni prima, non aveva vuotato la propria valigia. Era come se le pareti di quella stanza, il letto e il baule, si fossero rifiutati di accoglierla. Non aveva neanche osato appoggiare la valigia sul baule e, meglio ancora, non l'aveva aperta finché non era stato veramente necessario. L'aveva depositata sul pavimento di assito assai rustico e l'aveva osservata a lungo, dimentica, assente: non conosceva quella valigia, non era stata lei a prepararla, non sapeva neanche cosa ci fosse dentro e soltanto più tardi ebbe la forza di aprirla per cercare qualche capo di biancheria. L'aveva subito richiusa, senza sapere perché. Soltanto dopo alcune settimane, una mattina decise di aprire il baule per sistemarci dentro la propria roba.

Il baule era vuoto e aveva un forte odore di vecchio. Allora infilò la sua valigia ancora chiusa nel baule, forse per evitare che la sua roba si impregnasse di quell'odore. Ma tutto questo avvenne senza la partecipazione della sua coscienza e più tardi, ma molto più tardi, si meravigliò di trovare la propria valigia dentro il baule.

Fin dal primo giorno aveva preso l'abitudine di sbarrare porta e finestre e accadeva che scendesse ancora giù, quando era già a letto, per assicurarsi che la porta e la finestrella della cucina fossero ben chiuse. Sapeva che oltre alla contadina, sua vicina di casa, e il vecchio, non c'era anima viva nei dintorni, ma mai avrebbe lasciato la porta aperta. Neanche di giorno. Cosa temeva? Le ombre proiettate dalla candela che teneva in mano? Anche questa una nuova esperienza, dato che nei primi mesi mancava la luce elettrica. Aveva dovuto aspettare che venisse asfaltata la strada –non le fu chiaro quale rapporto ci fosse fra le due cose – per godere del progresso del mondo civile.

Albeggiava.

Giù, in fondo alla valle, la nebbia nascondeva la cittadina e il resto sembrava galleggiare. Il cielo chiaro, ma ancora senza sole, mostrava i contorni delle montagne, scure, massicce, sprofondate nel sonno della notte: una volta aveva pensato che anche le montagne, come le bestie, le piante, durante la notte dormissero. Era convinta di averne percepito il respiro profondo. Il respiro delle montagne, pesante e misterioso.

Si vestì in fretta e uscì. L'aria, nonostante il mese di agosto fosse appena sul finire, era frizzante, ma si era abituata anche a quelle temperature; le piaceva quell'ora prima del giorno, quel tempo senza tempo, quando nella semioscurità del bosco scopriva un capriolo occupato a brucare l'erba o a mordicchiare i rami teneri delle piante più giovani. Di solito girava la testa, per niente timoroso, continuando a mangiare, deciso a non lasciarsi disturbare. Lei lo fissava a lungo, incantata, e si avvicinava cauta, silenziosa, fermandosi a ogni fruscio dei rami secchi che si spezzavano al suo passo.

Ormai conosceva tutti i sentieri del bosco, della montagna. Assai di rado incontrava qualcuno. I pochi contadini dei dintorni la conoscevano, la vedevano vagare a ogni ora del giorno come un'anima in pena e non si chiedevano più chi fosse, perché vivesse lì, in quella solitudine, straniera fra stranieri. Da loro arrivava poca gente, forse per le strade impraticabili, per la mancanza di alberghi e ristoranti. Col tempo, nonostante fossero state asfaltate diverse strade, erano rare le persone che si perdevano da quelle parti, anche per volontà dei contadini, abituati ormai da sempre alla grande solitudine, al grande silenzio della montagna. In realtà vedevano di cattivo occhio ogni cambiamento a sfondo turistico.

Angelica non era una turista, era rimasta anche d'inverno, per tanti inverni, con grande sorpresa di tutti; in fondo neanche la contadina, sua vicina di casa, la domenica, quando andava in chiesa, aveva saputo rispondere alle domande curiose della gente. In realtà, non c'era niente da raccontare. Sarebbe rimasta lì in qualsiasi stagione, aveva detto, forse non sarebbe mai andata via. Gridava e girava inquieta, senza pace. Non poteva appartenere alle donne Salighe: loro erano tranquille, silenziose e benefiche. Lei era soltanto un'italiana un po' fuori di testa, ma innocua, sempre sola, eccettuato quando veniva, per poche ore, il padre, un italiano.

Ora camminava veloce, quasi correndo, come inseguita da qualcuno. Ogni tanto si girava indietro perché le sembrava di sentire dei passi in lontananza. Non era la prima volta che le accadeva e nonostante avesse già sperimentato che bastava fermarsi perché quel rumore ritmato smettesse, ogni volta sentiva il cuore battere all'impazzata: erano i suoi propri passi che sentiva. Lo aveva capito e non lo aveva capito. Non era mai sicura che fosse così.

In tutti quegli anni solo una volta aveva incontrato qualcuno, un cacciatore, ma non lo aveva sentito avvicinarsi. Se lo era visto di colpo sbucare da dietro un cespuglio, il fucile imbracciato, sorpreso e chiaramente contrariato. Le disse qualcosa che lei credette di capire. Le sue passeggiate mattutine mettevano la selvaggina in allarme. Lei non rispose che non era vero: il capriolo, gli uccelli, tutte le creature del bosco non facevano nessuna attenzione a lei. Proseguì soltanto la sua corsa e solo una volta si guardò indietro. Quell'uomo, così come era apparso, era sparito, senza lasciare traccia di sé. Angelica per un momento pensò di aver sognato. Ma fu assalita da una grande paura. Quel giorno se ne restò chiusa in casa e anche l'indomani. Perché, non avrebbe saputo spiegare, ma quell'incontro l'aveva spaventata. Meglio incontrare caprioli che uomini.

„Elisa. È stata lei a cambiare la mia vita."

Quel pensiero tornò. Doveva avere a che fare con il sogno di quella notte e benché lo avesse subito dimenticato qualcosa doveva esser rimasto, forse solo un'impressione, molesta in ogni caso.

Da anni non la vedeva più. Quanti anni? Non li aveva contati, ma erano ormai tanti. Era partita dalla sua casa come un'appestata, mandata in esilio, di mattina presto, senza salutare nessuno. La nonna aveva stabilito così e la famiglia le aveva dato ragione. La famiglia? Il padre e la madre. Le sorelle non avevano capito cosa fosse accaduto, perché dovesse essere allontanata dal paese, dalla casa e così di nascosto. Elisa, che doveva saper qualcosa, aveva solo commentato:

„E tutti pensavano che fosse una santarellina." Il tempo della loro intesa, dei loro incontri notturni era passato da un pezzo. Non ricordava più per quale motivo quell'atmosfera di estrema eccitazione avesse ceduto il posto a una normalità forse noiosa, in ogni caso priva di inquietudini, senza gli estremi smarrimenti che avevano accompagnato quel periodo tempestoso. Ora ricordò che dopo qualche tempo aveva visto la sorella in compagnia di un ragazzo delle superiori.

„Elisa aveva il moroso e io, stupida, non l'ho capito."

Il padre, dopo qualche tempo, durante una delle sue visite, le aveva raccontato, assai brevemente, come fosse cosa di poco conto, che Elisa era in procinto di sposarsi. Non aveva fatto nessun commento, non aveva neanche parlato del fidanzato. Niente. Non aveva neanche accennato al fatto che la figlia essendo minorenne aveva bisogno del suo consenso. Sembrava che la cosa non lo interessasse neanche un poco: storie di donne e basta.

„La settimana prossima ci sarà il matrimonio di Elisa." La sua voce era la solita, debole, quasi femminea, la voce di una persona che non considera importante ciò che dice. Angelica la conosceva fin dalla primissima infanzia e mai aveva pensato che fosse debole e poco virile: per lei era solo tenera, affettuosa. Mai una volta lo aveva sentito gridare, mai un rimprovero.

La nonna diceva che si disinteressava di tutto.

Non era facile per lui vivere in una casa totalmente dominata da donne. La madre, la moglie, quattro figlie, due donne di servizio e la Celerina, la donna che viveva da loro ormai da anni, parte integrante della famiglia. Lui, spaesato, aveva l'impressione di doversi scusare di essere lì, di non partecipare al continuo lavorio di tutte quelle donne sempre in movimento: un peso morto, ecco cosa sentiva di essere in quella casa, benché facesse anche lui la sua parte di lavoro, ma in sordina e in altra sede.

E così Elisa si era sposata. Nessuno aveva pensato di invitarla a quel matrimonio. Alcuni mesi dopo il padre la informò che era già incinta. Di più non aggiunse.

Quanti anni erano passati dal giorno del suo arrivo in quella solitudine? Quanti inverni, quante estati? In quel luogo aveva scoperto il cambio delle stagioni con maggiore evidenza che non quando abitava ancora a casa; qui le stagioni erano più decise. L'inverno significava mesi e mesi di neve, di freddo, ma anche di giornate stupende in cui bastava alzare un dito per toccare il cielo di un azzurro profondo, quasi di cobalto, così vicino come mai aveva visto prima. E la neve aveva riflessi di diamanti, tanto scintillava al sole: un mondo di cristalli che si disfaceva al solo contatto delle dita. Aveva scoperto anche la notte, l'immensa cupola dove era possibile contare le stelle, una infinità di stelle, chiare, distinte e stranamente vicine. Il mistero della notte sulla montagna, il buio pesto nel bosco, il prato davanti alla sua casetta, immerso nel silenzio. E il respiro della notte così diverso dal respiro di ogni altra creatura.

Da qualche tempo, nonostante tentasse con tutti i mezzi di impedirselo, veniva aggredita da una quantità di ricordi che la sorprendevano, la sconvolgevano. Ogni volta aveva la sensazione che tutto quel passato non riguardasse lei, ma un'altra persona. Era una nuova lucidità che le permetteva di osservare la sconosciuta che abitava in lei, cercando di vederla. Di vedersi. Di riconoscersi in quell'estranea. Possibilmente di capirla, capire per quale motivo si trovasse lì, fra quelle montagne. Tagliata fuori dal mondo.

Si stava facendo strada una nuova coscienza di sé che però faceva male. Le sembrava di uscire da un tunnel buio procedendo a tentoni, tastando con le mani nude pareti rocciose, umide e fredde, sempre rimandata indietro da paure inspiegabili, da residui di fantasmi che tentavano di sopravvivere. Sempre più spesso improvvisi squarci di luce illuminavano scene della sua vita passata per ricollegarla a vicende, persone, luoghi che non sapeva se erano veramente esistiti o se erano solo frutto della sua fantasia, e allora cercava di rientrare nel buio della non conoscenza, nel tunnel appunto, per non venir travolta da quella cruda visione del mondo, della vita, di se stessa. Ma la fuga diventava sempre più difficile: qualcosa glielo impediva. Qualcuno, quella persona che abitava in lei, non era più disposto a nascondersi, a rientrare nel buio.

Durante una delle sue visite nella cittadina vicina aveva comprato una piccola radio. Quanti anni da allora... forse tre, cinque? Ora l'ascoltava tutto il giorno, almeno quando era in casa. Appena entrava accendeva subito la radio, automaticamente. Nei primi tempi era stata soltanto una compagnia, un mezzo assai pratico che le permetteva di spezzare il silenzio di quella casa: perfino la sua gatta, quando ancora viveva, faceva finta di percepire quei suoni, quelle voci e socchiudeva gli occhi come per dare a intendere che anche lei ascoltava la musica.

Angelica al contrario aveva imparato ad ascoltare le parole che venivano da lontano, quasi un incontro con un passato che non conosceva ma che ugualmente le apparteneva; seguiva i discorsi, le notizie; cominciò a tenersi informata, senza rendersene conto, su quanto accadeva in Italia, sia politicamente sia culturalmente. Era curiosa del mondo al di là di quelle montagne, un interesse che non aveva mai avuto fintanto che era vissuta nella casa paterna. Lì nessuno ascoltava la radio e tanto meno le notizie di carattere politico. La nonna considerava la politica una faccenda sporca, per gente corrotta: lei aveva fatto le sue esperienze, non mancava mai di aggiungere, benché non avesse mai specificato di quali esperienze si trattasse. Una persona onesta non si mette a fare politica, aveva dichiarato una volta a pranzo, e uno dei prelati, sul punto di iniziare un discorso a proposito delle prossime elezioni, si era bloccato, fra l'imbarazzo degli astanti, cioè solo del padre, dato che la mamma dava sempre l'impressione di non partecipare ai discorsi che si facevano a tavola. Le bambine meno che meno, occupate a darsi calci sotto il tavolo o a fare qualche scherzo improvvisato lì per lì, per isolarsi dal mondo degli adulti, così incomprensibile e noioso.

Nei momenti in cui il suo stato di lucidità si prolungava, e si accorgeva del cambio delle stagioni, dei primi fiori sul prato, del verde e dei germogli nei boschi, della spinta positiva che proveniva dalle parti più profonde della natura, si faceva strada un nuovo malessere: una strana nostalgia di non sapeva lei stessa cosa. La vita le scivolava dalle mani e non poteva fermarla. Non aveva desideri in qualche modo identificabili, ma era straziata da un vago senso di inquietudine, da qualcosa cui non avrebbe saputo dare un nome; qualcosa che in un tempo passato doveva aver perduto, ma non sapeva cosa. Tutto si rinnovava, la vita esplodeva in ogni sua manifestazione visibile e non visibile: la speranza, sì, proprio la speranza che tutto si sarebbe risolto in meglio era il grande messaggio che riceveva dalla natura. Ma proprio quella speranza veniva a mancarle. Tutto il mondo intorno a lei viveva nella grande speranza di un futuro luminoso; di un nuovo avvio verso l'eternità, anche se questa eternità poi si concludeva nel corso di una sola stagione. Lei al contrario non riusciva a godere neanche di quella parvenza di eternità, perché non sapeva in cosa sperare, cosa avrebbe potuto migliorare e darle un nuovo slancio vitale. Le mancava la visione di un futuro diverso dal presente.

Questo il motivo del malessere che la coglieva soprattutto in primavera.

Da quando il padre non veniva più, pensava sempre più intensamente a lui, come mai prima, ed era sempre più convinta che avesse scelto la morte per lo stesso motivo che lei conosceva bene e cioè per l'inutilità, la banalità della vita e per l'angoscia.

La vita del padre era stata soltanto un susseguirsi di giorni e di notti senza alcuna conseguenza tangibile, se si escludono le quattro figliole, forse neanche volute ma arrivate per caso. Di questo lo aveva accusato la nonna.

„Sai fare solo figlie femmine, una dietro l'altra. Non sai fare altro." Ricordava quella frase, sentita quando ancora non era cosciente di nulla: parole che scivolavano lungo la piccola persona apparentemente senza lasciare traccia, mentre al contrario penetravano nel suo cervello, registrandole e condizionando tutta la sua vita futura. Per sempre. Avrebbe parlato con lo stesso tono carico di disprezzo se invece di quattro figlie femmine avesse generato quattro figli maschi? E lei, non era anche lei una femmina? Perché quel disprezzo verso il proprio sesso? Un disprezzo che aveva saputo trasmettere alle quattro nipoti, ma soprattutto a lei, Angelica, perché forse più sensibile, più ricettiva.

E la mamma? Cosa pensava lei delle sue quattro figliole? Se ne vergognava e forse disprezzava se stessa per la propria incapacità di mettere al mondo un figlio maschio? Da bambina non aveva mai visto un maschietto nudo, soltanto sorelline, uguali a lei. Cosa avevano in più i maschietti? Soltanto a scuola aveva capito che loro avevano un pezzetto di carne in più. Un ragazzino più audace degli altri glieI'aveva anche mostrato quel pezzetto di carne, tutto fiero, e gli aveva fatto vedere che poteva fare pipì in piedi.

„Tutto qui?", aveva risposto Elisa col suo fare strafottente a uno dei ragazzini che cercava di provocare. „Anch'io so fare pipì in piedi, se soltanto voglio... e ve lo posso dimostrare." Non l'avesse mai detto. Ci fu una sghignazzata generale che aveva fatto gelare il sangue nelle vene ad Angelica e mandato Elisa su tutte le furie. A casa, poi, aveva fatto vari esperimenti con risultati sempre poco convincenti, finché aveva rinunciato. Poi nel chiuso della loro stanza, aveva protestato vivacemente, buttando i vestiti, i libri e tutto ciò che le capitava in mano per aria, dando la colpa a questo e quello.

Segretamente anche Angelica aveva provato, ma solo una volta e se ne era vergognata, come di colpa gravissima. A lei era rimasto un vago senso di ingiustizia: la natura, o forse la mamma, si erano presi gioco di loro.

Ora sempre più spesso veniva aggredita da questi ricordi e da pensieri, tanti pensieri. Sua madre? Chi era quella donna per lei, per tutta la famiglia? Nient'altro che una sconosciuta. Modesta, molto riservata, non proprio bella ma neanche brutta.

La sera prima della sua partenza non l'aveva neanche abbracciata per congedarsi. Aveva sentito il suo disagio, e una sorta di ripugnanza verso di lei. Quella non poteva essere sua figlia, sembrava dire. Ma non lo disse. Durante tutta la cena aveva evitato di incontrare i suoi occhi, la testa china, intenta con la forchetta a spostare il cibo da una parte all'altra del piatto, incapace anche di mangiare. Le sorelle da qualche giorno erano, forse non proprio per caso, da una zia. La nonna aveva cenato in camera, senza neanche scusarsi. Non si era fatta vedere, certamente per non doverla salutare. Era già stato detto tutto. Lei non aveva più niente da aggiungere. Solo il padre, prima di lasciarla sola nella sua nuova dimora, l'aveva abbracciata, gli occhi stranamente lucidi: non lo aveva mai visto piangere. In realtà non aveva mai visto piangere né la madre né tantomeno la nonna. Perché poi avrebbero dovuto piangere?

Aveva pianto qualcuno di loro alla morte del padre? In realtà, alla notizia, non aveva pianto neanche lei. Era rimasta impietrita, la lettera in mano, senza un pensiero. Aveva solo concluso: „adesso non verrà più a trovarmi." L'ultimo anello che ancora la teneva legata alla famiglia veniva ora a mancare. Niente più la legava alla sua famiglia. Niente l'aveva mai legata a quella famiglia. La voce del sangue, aveva detto una volta la nonna, è una voce che non si può ignorare. E lei, Angelica, in realtà l'aveva sempre ignorata. La società umana, aveva continuato la nonna, è basata appunto sul rispetto di questa legge, la legge del sangue, soltanto rispettandola si ha il diritto di far parte della comunità umana. Ora, riflettendo, più che mai lucida, si convinse di non aver mai sentito nessun legame con nessuna cosa, e meno che meno col sangue, l'origine di ogni suo malessere.

VII

A volte si sorprendeva a immaginare il viso della nonna davanti al cadavere del figlio: come aveva reagito? Avrebbe dato chissà che cosa per vedere come tutta la famiglia si era comportata. Non seppe mai che anche in quel momento la nonna aveva profondamente disprezzato il figlio per la sua incapacità di vivere. Aveva detto a denti stretti, forse soltanto a se stessa:

„Cosa hai voluto dimostrarmi? Nessuno ti ha costretto a fare questa fine miserabile..." L'unica che forse la sentì fu la nuora. Doveva essere stato così, e la sua reazione, conoscendo la madre, non poteva essere altro che un rossore e un leggero tremito nelle mani. Nient'altro.

Lei conosceva molto bene la suocera, già da prima che diventasse tale, quando era soltanto la padrona del negozio dove lavorava come cassiera. Veniva a fine mese per controllare che tutto andasse secondo le sue direttive: la Signora controllava non soltanto lei, che era solo un'impiegata, ma anche il figlio, suo diretto capo.

La Signora aveva diversi negozi in tutta la regione, e fino a tarda età tenne tutto in pugno; anche l'unico figlio era un suo dipendente con regolare contratto di lavoro, niente di più, e anche lui doveva sottostare alle sue direttive.

Il matrimonio si era concluso in modo un po' diverso da come la madre l'aveva raccontato alle bambine. Come dire che in realtà era stata scelta dalla suocera e non dal futuro marito? Alla fine degli anni Sessanta infatti la Signora le aveva chiesto esplicitamente cosa pensasse del proprio figlio.

„Mi sembra un giovane molto onesto." Non aveva saputo trovare altra risposta, sorpresa da quella domanda e ancor più dal tono un po' meno autoritario col quale di solito veniva interpellata. Aveva pensato volesse un giudizio sul figlio come suo datore di lavoro e niente altro.

„Lei, un giovane come quello lo sposerebbe?"

„Credo che chiunque lo sposerebbe..." E di certo pensò al patrimonio, alla posizione sociale che poteva offrire, meno all'uomo in sé.

„Io sto chiedendo a lei e non a chiunque."

„Beh... certo, lo sposerei." E tanto era bastato.

Il rapporto fra le due donne non cambiò mai: la Signora in casa comandava con ferrea mano e la moglie del figlio rimase sempre la piccola cassiera, di modestissime condizioni, sottomessa e grata del benessere che in qualche modo le veniva concesso.

Già da una ventina di anni viveva in quella casa la Celerina, donna forte, energica, quasi maschia, di notevole bruttezza: gambe sottili, lunghe più del normale, busto corto, tozzo, un viso dai lineamenti duri, assai marcati, pochi capelli, e mani maschili, grandi, forti, brune, che denunciavano una vita di fatiche, di lavori pesanti cui era stata costretta fin dalla più tenera età. Settima di una numerosa famiglia di assai umili condizioni, fu affidata ancora quasi bambina alla Signora, come servetta tutto fare. Le altre sorelle, tutte dai nomi assai stravaganti, come Oriele, Ozema, Ricordina, Zeffirina, di stampo chiaramente anarchico, benché il padre fosse un socialista della prima ora in un tempo in cui bastava pronunciare anche solo la parola sinistra per rischiare il confino se non proprio la vita, subirono la stessa sorte: i genitori le davano via, perché non erano in grado di sfamarle; solo i figli maschi potevano restare in casa per contribuire col loro lavoro al sostentamento dei più piccoli. Perché i bambini arrivavano, non voluti, uno l'anno. Puntualmente.

Celerina fu una vera e propria vice della nonna. La Signora la educò con estrema severità e le insegnò il necessario affinché la potesse sostituire in tutte le mansioni domestiche, ma anche nella guida del personale nei diversi negozi. Era sempre al suo fianco, o meglio un passo dietro di lei, temuta e spesso odiata dai diversi sottoposti per la sua durezza e per un'intransigenza che superava di molto quella della stessa padrona. Inoltre sembrava essere sempre lì dove nessuno se l'aspettava, precisa, bravissima nell'organizzare, efficiente meglio di un uomo, scrupolosa e alla bisogna capace di grandi gesti di generosità che sorprendevano e disorientavano chi credeva di conoscerla molto bene. Imprevedibile, presente, sembrava vivere per compiere il suo dovere, davanti a Dio e alla Signora. Non pochi si chiedevano come potesse vivere senza debolezze, senza trasgressioni; la Celerina sembrava esser fatta di altra pasta, in ogni caso di una pasta assai particolare. In realtà anche lei aveva un debole che nessuno mai scoprì, eccettuato la sua padrona: era innamorata disperatamente e questo fin dal momento in cui, dodicenne, era venuta in quella casa. L'oggetto di tutti i suoi desideri era il figlio della Signora, cosa che nessuno mai avrebbe sospettato, date le differenze sociali che correvano fra i due e soprattutto il carattere chiuso, inaccessibile del giovane. La ragazza lo ammirava per la sua bontà, che la madre definiva dabbenaggine, per la modestia e ancor più per una sorta di grigiore, di mansuetudine che emanava da tutta la persona. La Celerina sapeva di essere brutta, non aveva illusioni, lo specchio era sincero e non solo quello. La madre più di una volta le aveva detto, già da bambina e anche più tardi, che con quel corpo sgraziato, con quel suo modo di fare brusco non poteva piacere a nessun uomo. Alla fine si era convinta anche lei. Solo un uomo non appariscente, modesto e decisamente brutto avrebbe potuto, forse, avere qualche interesse per lei.

Più tardi aveva fatto le sue riflessioni: in fondo cosa cerca un uomo in una donna? Quegli attributi li aveva anche lei, su questo non c'erano dubbi, e la bellezza, in certe situazioni, serve a ben poco: a letto contano altri valori. Qui non è necessaria la bellezza, ma la disponibilità, la capacità di dare e tante altre doti di cui lei in ogni caso disponeva.

Fu una lunga relazione che la Signora tollerò non senza un suo rendiconto: il figlio aveva bisogno di una donna ed era meglio che la trovasse in casa, così che lei potesse tenere tutto sotto controllo. E, particolare non trascurabile, non costava niente. Alla Celerina infatti non passava un vero e proprio salario: solo qualche regalia per un lavoro speciale, qualche vestito smesso che lasciava rimettere a nuovo dalla sartina del luogo, qualche aiuto per la sua famiglia. Solo più tardi, quando il periodo di apprendistato fu superato di molto, quando ormai sapeva organizzare le nuove filiali con scelta di locali, personale e tutto il resto, quando ormai la Signora non avrebbe più potuto fare a meno di lei, solo allora le fu concesso un vero stipendio con regolare contratto di lavoro.

Il tutto non senza l'intervento del figlio.

Alla Celerina furono affidate anche le bambine, dato che la madre dopo ogni parto doveva tornare al negozio, dietro la cassa. A lei era concesso giusto il tempo di rimettersi, come un'impiegata qualsiasi. Solo che lei, essendo la nuora della padrona, non aveva neanche diritto a uno stipendio. Ma questo non lo sapeva nessuno.

Angelica fin da piccola temeva la Celerina più di ogni altra persona, perché aveva la mano pesante e anche veloce, proprio come il nome che portava. C'era solo il vantaggio che spesso doveva assentarsi da casa per certe sue ispezioni fuori sede e allora veniva sostituita da una delle donne di servizio, per lo più tolleranti e loro stesse madri di bambini lasciati in casa. Le sorelle al contrario, appena furono più grandicelle, cominciarono a trattarla con un certo sussiego e spesso la deridevano per la sua bruttezza, per la ruvidezza dei modi, che nonostante gli anni trascorsi in una famiglia signorile continuava a essere parte integrante del suo carattere, e non ultimo per il dialetto romagnolo: per la Celerina non c'era altra lingua e si arrabbiava se le ragazze parlavano italiano. Lo considerava umiliante, un modo di prendersi gioco di lei e della sua ignoranza. Capiva che era un voler mettere le distanze fra loro e allora era guerra: si rifaceva accusandole davanti alla nonna di colpe inesistenti, se necessario inventando storie che le mettessero in cattiva luce, creando un clima di rivalse, vendette, risentimenti, allo scopo di accattivarsi la benevolenza della Signora, per lei l'istanza superiore, paragonabile solo a Dio in persona.

Per volere della sua padrona era anche entrata nell'ordine laico delle Francescane e frequentava con grande assiduità la chiesa, non perdendo mai una funzione religiosa durante le festività e anche oltre. Ogni pomeriggio, prima di cena, nonostante le tante attività, trovava sempre il tempo di recitare il Rosario insieme alla Signora e alle due domestiche, costringendo almeno una delle bambine, e più spesso Angelica, l'unica incapace di scappare, a parteciparvi. La sua era una religiosità torva, senza alcuna speranza di redenzione: era un piegare la schiena e accettare le punizioni che venivano dal cielo, senza mai protestare. Lei credeva fermamente nel peccato come origine e fondamento della vita stessa e da qui la necessità di espiare, di battersi il petto, di implorare la misericordia divina in vista di un Aldilà assai insicuro. Alla vita terrena badava lei stessa cercando di guadagnarsela giorno per giorno, rendendosi indispensabile, servendo tutti, correndo sempre al primo richiamo. Di lei ci si può fidare a occhi chiusi, diceva la Signora, senza di lei quella famiglia avrebbe perso il timone e il timoniere nello stesso tempo.

Tutti consideravano la Celerina la figlia ideale della Signora e non certo il figlio vero, quell'unico figlio che sembrava non avere con lei la minima somiglianza, né fisica né tanto meno dal punto di vista del carattere.

Da quando abitava fra le montagne Angelica aveva cercato di dimenticare la Celerina. Si impediva perfino di sognarla, e se questo accadeva si svegliava sempre in un bagno di sudore. Anche quando ancora veniva il padre, e si parlava di cose di nessuna importanza, mai si pronunciava il nome di quella donna, quasi non fosse mai esistita. Angelica sapeva della lunga relazione fra lui e la Celerina, durata ancora dopo il matrimonio e la nascita delle figlie. E forse non era l'unica a saperlo: la madre, la nonna, le due donne di servizio, le sorelle, il mondo intero doveva conoscere il grande segreto che si nascondeva dentro le mura della sua casa. Ma forse si ingannava. La certezza mancava anche a lei: quei primi ricordi infantili, quando di notte le sembrava di sentire la voce del padre, erano cancellati già da tempo.

Mentre correva fra i boschi a volte, senza alcun preavviso, le capitava di vedere davanti a sé il fantasma di quella donna. Ogni volta, un colpo alla schiena, una scudisciata che la tramortiva. Si fermava smarrita, terrorizzata peggio che se avesse incontrato lei in carne e ossa.

Celerina, quando lei era ancora bambina, usava punirla per ogni piccola mancanza della quale il più delle volte non era neanche responsabile, e quei colpi avevano lasciato un segno molto più profondo di quanto avesse pensato allora. Neanche la nonna aveva mai alzato la mano su di lei, solo la Celerina, la prima persona che le aveva insegnato cosa fosse l'odio.

Bastava un sogno per evocare quell'immagine e con essa l'atmosfera della sua casa, il senso di oppressione, di chiuso, di proibito, di peccato, il malessere quasi a fior di pelle. E allora non serviva correre: quella donna che in realtà rappresentava tutto quel mondo, era dentro di lei, la dominava ancora, nonostante gli anni di solitudine, di esilio. Si svegliava e tutto tornava, più chiaro di un'allucinazione: una scena terribile che suo malgrado si ripeteva nei suoi sogni, un pomeriggio che aveva significato la fine della sua vita precedente, un taglio netto fra il prima e il dopo.

Meglio la morte, aveva pensato allora, ma la nonna aveva deciso che la sua famiglia non poteva sopportare quella vergogna. La Celerina aveva assistito a tutta la scena senza una parola, con un viso di pietra, sorpresa forse lei stessa della ineluttabilità della condanna, nonostante fosse stata lei a denunciarla, ad accusarla.

In lei però non c'era il trionfo di chi vede il colpevole scoperto e giustamente punito. Aveva soltanto contribuito a che la verità venisse alla luce; lo aveva considerato suo dovere nei confronti della Signora. Forse del mondo intero. In lei era forte il senso di giustizia, convinta che ogni colpa dovesse essere espiata, che la punizione fosse una necessaria catarsi, il prezzo da pagare per avere poi il diritto di tornare nella società degli onesti.

Il padre non era presente, come sempre in questi casi. Lui non voleva immischiarsi nell'educazione delle figlie, aveva dichiarato più di una volta alla nonna, che se la sbrigasse lei; con le donne lui non aveva mai capito come doveva comportarsi. Questa la scusa.

La madre si era trovata lì, forse per caso, forse perché chiamata dalla nonna. Angelica solo una volta l'aveva guardata cercando di capire cosa pensasse, da che parte stesse. Sembrava non capire di che si stesse parlando, di cosa venisse accusata la figlia. O meglio non voleva credere a quello che sentiva: un amante! Angelica aveva un amante... possibile? Proprio l'Angelica, la santarellina, come la chiamava spesso Elisa. Ma perché con lei usavano una parola così diversa? Amante invece di moroso? Elisa aveva il moroso e lo sapevano tutti benché avesse appena sedici anni. Lei invece aveva un amante, una macchia, una vergogna che niente avrebbe potuto cancellare.

Elisa da qualche tempo si era schierata dalla parte della Celerina, non la prendeva più in giro e anzi aveva fatto comunella con lei per avere certi spazi liberi di cui aveva grande bisogno. La Celerina stranamente capiva che la ragazza aveva necessità di un moroso, copriva le sue scappatelle, mentre pedinava l'Angelica per scoprire il suo segreto. Dopo aver scoperto certi segni inconfondibili, ormai in allarme, aveva cercato di informarsi, con molta cautela per non danneggiare il buon nome dell'uomo, del possibile amante.

In questo caso non si trattava di un moroso, di un ragazzo come per l'Elisa. Qui aveva subodorato il peccato. Qui non si trattava di un ingenuo moroso, di un ragazzo senza nessuna esperienza, ma di un uomo, cioè di sesso, solo di sesso. E il sesso è 'il peccato' per antonomasia. Il peccato mortale per il quale Adamo ed Eva furono scacciati dal Paradiso terrestre, l'origine di ogni male.

Mai avrebbe attribuito alla storia di Angelica un solo barlume di sentimento, di qualcosa di nobile che avrebbe potuto purificare l'atto sessuale, di per sé peccaminoso. L'amore fra due esseri, quello stesso amore che anche lei conosceva, quel forte sentimento che aveva dato senso alla sua vita, era anche il motivo che la costringeva ogni giorno a recitare il rosario, a confessarsi puntualmente ogni sabato per fare poi la Comunione la domenica mattina, senza aver fatto colazione, senza aver bevuto neanche una tazzina di caffè. Da questo nasceva la grande severità con se stessa e con gli altri: sapeva che nonostante il rimorso continuo, il giornaliero me *culpa*, i tanti rosari, la sera aspettava la visita del padrone, sempre tremante che qualcosa potesse impedirlo, tormentata dall'angoscia di essere una peccatrice davanti a Dio e a se stessa.

VIII

Durante il periodo in cui le ragazze sembravano possedute da una sorta di frenesia, eccitate fino all'eccesso, la nonna oltre a provvedere che avessero un pigiama a un solo pezzo, si era preoccupata di parlare con uno dei prelati che spesso venivano a pranzo nella sua casa.

Don Pietro era un uomo sulla cinquantina, alto, robusto, la tonaca sempre ben stirata, un viso burbero ma perfettamente rasato, la voce profonda di uomo maturo abituato a sussurrare consigli, assoluzioni, penitenze. La nonna aveva un grandissimo rispetto di lui. Tanto diverso da suo figlio: di piccola statura, magro lino anzi ossuto, timido, riservato, di poche, pochissime parole, rispettoso di tutto e di tutti, insicuro di sé tanto che nessuno lo temeva e meno di tutti le sue bambine. La nonna sapeva che sarebbe stato inutile rivolgersi a lui. Mai sarebbe stato in grado di tenere a freno quelle scalmanate possedute dal diavolo. Lì ci voleva la mano ferma di un uomo di chiesa.

„Le bambine, sa, stanno attraversando giornate di grande inquietudine, dovute all'età ma anche alle tante sollecitazioni cui vengono fatte oggetto dalla pubblicità e... infine dalla società in cui viviamo. Non riesco a tenerle a freno e temo per loro."

„Non si preoccupi. Le buone radici, il buon sangue, la famiglia, il buon esempio... anche loro supereranno le tempeste della pubertà. È un periodo destinato a finire presto. Lo abbiamo vissuto tutti e sappiamo che non può durare a lungo." La nonna per un attimo ripensò alla propria pubertà, quando ancora quella parola non si usava o forse non veniva pronunciata a voce alta, come si faceva ora: quando mai si sarebbe permessa di manifestare in qualche modo certe sue inquietudini, timori, insicurezze? Tutto, aveva subito soffocato tutto, da sola. Si meravigliò che anche don Pietro fosse a conoscenza delle tempeste dell'età giovanile. Forse lo aveva considerato un essere asessuato, come è giusto che sia un uomo di chiesa.

„Lei ha un bel dire... il fatto è che mancano della guida necessaria, di un padre severo capace di condurle sulla giusta via. Mio figlio si disinteressa della loro educazione, dice che le bambine hanno bisogno solo di una donna che le indirizzi verso una vita modesta, priva di peccato... mentre io sono dell'opinione che un uomo abbia molte cose da dire anche alle femmine. Si sa, un uomo ha molta più esperienza, più autorità..."

„È vero, è vero. Un uomo è necessario alla guida della gioventù, in ogni caso, ma soprattutto con le femmine è necessaria una mano forte, decisa... Se posso esserle utile, sono a sua disposizione. Credo che le piccole seguano già le lezioni di catechismo per la prima comunione: mi mandi anche le due grandine... vedrò cosa posso fare."

Fu così che le bambine, tutte e quattro insieme, furono mandate a lezione di catechismo.

Elisa protestò indignata, lei aveva già fatto la Prima Comunione e anche la Cresima e non vedeva la necessità di tornare a sentire quelle lezioni già di per sé assai noiose. Angelica, nonostante fosse d'accordo con lei, non osò protestare apertamente, ma decise insieme a lei di disertare le lezioni. Don Pietro non le denunciò, solo una volta, durante il pranzo in cui una volta alla settimana veniva invitato, parlò di certe scappatelle come di piccoli peccati veniali, aggiungendo che ognuno di noi, nella vita, è costretto a mentire: importante che dopo si sia pronti a redimersi. Le due sorelle arrossirono guardandosi di sottecchi, ma nei loro occhi non c'era nessuna intenzione di redimersi, soprattutto in quelli di Elisa. Angelica al contrario si sentì scoperta: guardò un momento don Pietro in cerca di aiuto. Lui sorrise assentendo, come per dire: non è poi così grave.

La nonna non capì, o fece finta di non capire, subito dopo però sottopose le due piccole a un interrogatorio di terzo grado. Ne seguì una scenata in cui, al solito, venne loro rinfacciato perfino il pane che mangiavano, oltre ai vestiti e tutto il resto, senza contare la libertà di cui godevano, in altri tempi semplicemente inimmaginabile. Elisa reagì con violenza.

„Nessuno ti ha chiesto di nutrirci, di vestirci... i nostri genitori sarebbero capaci di farlo se tu soltanto riuscissi a metterti da parte. Lavorano tutto il giorno per te, per i tuoi negozi..."

„Impertinente! Questa è l'educazione che ti hanno dato i tuoi genitori. Non vi hanno insegnato a rispettare le persone anziane, chi si cura di voi, del vostro futuro." Il padre non intervenne, anzi disse di avere un impegno urgente e uscì, benché fosse già quasi ora di cena. La madre gli gridò dietro che avrebbe fatto meglio a occuparsi dell'educazione delle sue figlie. Ma lui era già fuori dalla porta e non sentì. Non era certo la prima volta che sentiva queste accuse, in fondo si trattava di una delle tante situazioni senza via d'uscita che si ripetevano per ogni piccola cosa, fin da quando era nato.

Sempre lo stesso rimprovero di non saper fare l'uomo.

Che significa fare l'uomo? Da chi avrebbe dovuto prendere l'esempio? Fin dalla nascita era stato sempre circondato da donne, non aveva mai conosciuto il padre e neanche il nonno: solo la madre, sempre lei, imperativa, incapace di un gesto di tenerezza, convinta che un maschio dovesse essere educato con durezza, temendo che ogni manifestazione d'amore potesse guastargli il carattere, renderlo femmineo, debole. Rifuggiva da ogni eccessivo attaccamento, da sentimenti che avrebbero potuto creare dipendenze reciproche che mai avrebbe accettato. Si era impedita di reagire alle sue timide richieste d'amore, richieste che col tempo erano sparite del tutto. Il bambino e poi il ragazzo aveva capito che almeno da quella parte non c'era più niente da aspettarsi.

Angelica dopo la grande scenata della nonna decise di andare almeno una volta da don Pietro, mentre Elisa si rifiutò di accompagnarla, con caparbietà e decisione.

Don Pietro abitava in una casa un po' fuori mano, una mezz'ora di strada da percorrere a piedi, distante dal centro. Aveva due stanze in affitto presso una famiglia, una coppia di sposi con un figlio di tre o quattro anni.

La prima volta che arrivò in quella casa fu ricevuta con qualche sospetto dalla padrona, una donna sulla trentina, belloccia, un po' sguaiata, che si piantò sulla porta della stanza, decisa a non andar via senza un ordine preciso del prete. Fu una visita breve: don Pietro disse solo di averla aspettata e senza neanche farla sedere le porse un libro.

„Ho pensato che potrebbe piacerti... non si tratta di una storia edificante, come forse crederai, è un romanzo che in qualche modo rispecchia la tua generazione. Leggilo e poi mi dirai che ne pensi... hai tempo e se non vuoi leggerlo...", fece un gesto con la mano come per significare che non ne avrebbe avuto a male.

Angelica prese il libro, sorpresa. Non era abituata a leggere. Nella sua famiglia sapeva dell'esistenza di un armadio pieno di libri appartenuti al nonno, sempre chiuso a chiave e relegato in un angolo dello studio della nonna. Non veniva mai aperto e nessuno se ne era mai interessato. Le sembrò strano ricevere un libro da un prete, soprattutto non la solita storia di qualche santa, magari morta martire. D'altra parte, andando da lui, non sapeva cosa l'avrebbe aspettata, cosa si sarebbero detti; più che altro temeva di doversi sorbire una predica, come in chiesa. Invece don Pietro, sorridente e per niente imbarazzato, le aveva soltanto dato un libro! La stanza era estremamente ordinata, pulita, luminosa. Angelica fece appena in tempo a dare un'occhiata in giro, un po' curiosa di vedere come viveva un prete fuori dalla chiesa, se cioè era una persona come un'altra, un uomo come suo padre. Qui si sentiva persino un leggero profumo di dopobarba, come aveva scoperto annusando una volta un flacone in bagno, che sapeva usato dal padre. I professori di scuola evidentemente non usavano dopobarba profumati, avevano un odore indefinibile, sigarette mescolate con qualcosa d'altro che le ragazze chiamavano odore di maschio: i compagni non usavano dopobarba, quelli che già cominciavano a radersi, e neanche quelli delle classi superiori, forse perché troppo caro.

Di ritorno a casa raccontò subito alla sorella della sua esperienza.

„Un libro? E che te ne fai di un libro? Pensi di leggerlo sul serio?" Elisa aveva il solito sorriso ironico che ormai era parte integrante di lei. Scettica, al di sopra di tutto e di tutti, soprattutto di Angelica, si prendeva gioco delle sorelle, irritava le donne di servizio, provocava la nonna. In qualche modo sempre in guerra con qualcuno.

„Penso che dovrò leggerlo per forza... e poi usa un dopobarba e porta i pantaloni." Angelica era già rassegnata, pronta a sacrificarsi. Non aveva neanche guardato il titolo, tanto le era indifferente.

„Tutta colpa della nonna... io costringerei lei a leggerlo. Non abbiamo già abbastanza da fare con la scuola? Ma di che dopobarba stai parlando? Chi usa il dopobarba?"

„Don Pietro. Nella sua stanza c'era odore di dopobarba, come quello che ha papà... l'ho subito riconosciuto."

„Un prete che usa il dopobarba e porta i pantaloni... si è mai vista una cosa simile? Senza la tonaca... non ci avevo mai pensato... sotto la tonaca portano i pantaloni! E com'era la casa... c'è una donna, lì?"

„Certo che c'è una donna, la padrona di casa. È stata lei ad aprirmi e penso gli faccia anche tutti i servizi. La casa era molto pulita e ordinata. Non ho visto altro... quel profumo dominava tutta la stanza, quasi fosse stato spruzzato qualche minuto prima del mio arrivo."

Angelica quella sera, prima di addormentarsi, aveva aperto il libro e senza neanche guardare il titolo aveva cominciato a leggere. Non riuscì a finire neanche la prima pagina che già dormiva. La mattina dopo ripescò il libro da sotto il letto e non capì come fosse andato a finire lì.

Ora non ricordava di quale libro si trattasse, solo che don Pietro, ogni volta che andava a trovarlo aveva sempre un nuovo libro. Col tempo finì col prenderci gusto: lui sapeva scegliere le letture adatte e si vedeva che era abituato a stare con ragazzine della sua età, dato che insegnava religione nella scuola della città vicina. Ogni volta veniva sottoposta a una specie di esame. Gli doveva raccontare la storia, commentarla, rispondere alle sue domande. Il suo modo di fare era comprensivo; spesso ridevano insieme e la padrona di casa aveva smesso di controllare le sue visite.

Angelica si abituò a lui. Don Pietro riusciva sempre a sciogliere le sue riserve, instaurando un colloquio che se all'inizio veniva sollecitato soltanto dalle letture, col tempo si allargò su temi sempre più lontani dalla letteratura ma assai vicini alla sua vita di adolescente. In realtà riuscì a colmare un vuoto che il padre, a motivo delle sue chiusure e dei suoi problemi personali, non aveva saputo riempire: aveva avuto dimestichezza con la figlia soltanto durante l'infanzia, poi, man mano che cresceva, non era riuscito a stabilire un contatto più adulto con lei. Don Pietro aveva assunto il suo ruolo con molta esperienza e abilità.

IX

A metà settembre, in alta montagna, l'autunno sembrava volersi congedare definitivamente per dare il passo all'inverno; nuvole nere nascondevano sempre più spesso le case dei contadini, i boschi intorno. Già c'era stata una breve nevicata, che il sole aveva subito sciolto, almeno giù a valle; le cime, lontane ma sempre ben visibili, erano rimaste però incappucciate di bianco. Presto una vera tempesta di neve avrebbe messo fine a quel periodo di transizione.

La notte allungava le sue ombre quasi volesse tenere in suo possesso alberi, cespugli, rocce: era buio anche a mattino inoltrato. La natura sembrava retrocedere, mimetizzarsi in un suo mondo misterioso, privo di contorni, fino a scomparire. Ma se il cielo durante la notte riusciva a mantenersi limpido, se cioè le nuvole non si accumulavano sopra le cime per poi scivolare lentamente lungo i fianchi delle montagne, era possibile vedere perfino le stelle. Anche di mattina.

Angelica aveva imparato a riconoscere ogni cambiamento di tempo, ad annusare l'aria che si impregnava di un odore particolare, un odore di neve, inconfondibile. Il freddo pungente ormai irrigidiva anche l'ultimo verde sul prato, coprendolo di uno strato di brina spessa e dura, che scricchiolava sotto i passi, intanto che il respiro, come una nuvola, restava sospeso a mezz'aria, quasi palpabile, per poi dileguarsi nel nulla.

Anche il sonno era diverso, più rilassante, più profondo: era come se le membra del corpo, anch'esse parte della natura, si preparassero al grande riposo, alla quiete, a una sorta di tregua.

Quella notte aveva sognato di essere in ospedale.

Si trovava in un lettino di ospedale, lungo un corridoio. Un gran silenzio e una semioscurità che però le permetteva di discernere il luogo, il soffitto alto, le finestre lungo la parete opposta, dalle quali filtrava una sorta di chiarore, lo stesso che aveva visto qualche volta quando, verso la fine della notte, si era svegliata pensando fosse già ora di alzarsi. Sapeva che da lì proveniva quel po' di luce. Girò gli occhi e vide il muro accanto al suo lettino, il lambrusco laccato di bianco con qualche crepa, chiaramente vecchio di chissà quanti anni, e aveva subito pensato: è lavabile. Un pensiero del tutto inutile, ma era venuto su, da solo, senza motivo, come tanti pensieri inutili. Non si era mossa. Sentiva qualcosa ai piedi, anzi alle caviglie. Si accorse che anche le mani, i polsi erano pesanti. Non riusciva a fare il minimo movimento. Capì di essere legata al letto, mani e piedi. Come Cristo in croce.

Il lenzuolo bianco era duro, anzi ruvido e non aveva cuscino. Perché? Che lo avessero dimenticato le infermiere? O non le era permesso avere un cuscino? Non osava muoversi, poteva girare solo la testa appena appena, verso il muro, verso la finestra. Si accorse che qualcosa intorno al collo la stringeva: era legata all'inferriata del letto.

Non ricordava perché era lì, nel sogno, cosa si voleva da lei? Cosa era accaduto o doveva ancora accadere? Stranamente era molto calma, priva di pensieri. Di certo l'effetto dei calmanti, dell'iniezione che le aveva fatto un giovane dottore. Ricordò vagamente qualcuno in camice bianco piegato su di lei. Il corridoio sembrava essere vuoto. Forse lei era l'unica paziente o forse gli altri avevano una stanza. Si chiese perché le alte finestre avessero un'inferriata, come in prigione. Che l'avessero trasportata in prigione?

Il sogno era così chiaro che quando si svegliò, nella sua cameretta, ebbe qualche difficoltà a ritrovarsi. Sentiva ancora l'odore così caratteristico degli ospedali, di etere, di disinfettanti, e quel silenzio particolare in cui si sente la sofferenza di chi è passato da quei luoghi, lasciando una scia di dolore, di disperazione. I muri ne sono impregnati, quasi le emozioni, i sentimenti non potessero sparire insieme agli esseri che li hanno provati, che sono andati altrove, convinti di essersi portati dietro la disperazione, il dolore.

Non un passo, non una voce, non una piccola luce da qualche parte: l'ospedale sembrava abbandonato già da tempo. Dove erano finite le infermiere, i medici? Avrebbe potuto anche morire, nessuno se ne sarebbe accorto. E non avrebbe potuto alzarsi, cercare aiuto, perché era legata a quel letto: mani, piedi, testa. Forse non avrebbe potuto neanche gridare. Forse aveva perduto anche la voce.

La sua cameretta era ancora buia. Dalla piccola finestra non penetrava nessun segno del giorno nascente, guardò in quella direzione perché sapeva che da quella parte c'era la finestra, ma nel buio profondo non ne distinse neanche i contorni. L'aria era fredda. Quassù non riscaldava mai, non c'era neanche una stufa. Sapeva che i contadini del luogo, d'inverno, usavano dormire in cucina, per usufruire degli ultimi calori della stufa. Lei non aveva mai voluto dormire in cucina, non avrebbe saputo spiegare perché, ma preferiva sempre farsi una borsa di acqua calda e con questa andare a letto. Senza contare che finché era vissuta la sua gatta aveva avuto la sua compagnia e il suo calore: ogni sera infatti saliva sempre insieme a lei e si accoccolava ai piedi del letto. Dopo la sua scomparsa aveva preso appunto l'abitudine di sostituirla con una borsa di acqua calda.

Non volle alzarsi così presto per accendere la stufa.

Quel sogno la disturbava. Quanti anni erano passati? Il malessere di quel risveglio in ospedale era lontano. Non faceva più tanto male.

Lei era stata in quel corridoio d'ospedale.

Con tutte le sue forze si costrinse a pensare ad altro: ecco, non aveva nessuna voglia di trascorrere un altro inverno qui, in questo buio, nella solitudine più completa delle montagne. Spesso impedita dalla tanta neve anche a uscire di casa. Se soltanto avesse trovato l'energia necessaria per andar via di qui.

E di nuovo l'immagine desolante di quel corridoio di ospedale, quell'odore. La sua disperazione e impotenza.

Ancora uno sforzo per cacciarlo via: contò mentalmente i soldi conservati nel cassetto della piccola credenza, in cucina. Sarebbero bastati per fare il biglietto del treno fino a... fino a dove? Questo era il punto. Dove sarebbe potuta andare?

Tornare a casa.

Finalmente un pensiero più lungo, possibile di sviluppi: si vide già seduta nella corriera, fino al paese che ormai conosceva molto bene. Avrebbe dovuto soltanto proseguire per una decina di minuti per ritrovarsi nella città di Bressanone. Lì c'era la ferrovia, lo sapeva.

A questo punto sentì di smarrirsi: sarebbe arrivata fino a destinazione? Quale destinazione? Cercò di distrarsi e pensò ai suoi vestiti, alle scarpe, alle pesanti calze di lana. Come l'avrebbero guardata, in città, vestita in quel modo? Una contadina che scende giù dalle montagne.

Non volle poi neanche pensare come sarebbe arrivata fino a casa, come l'avrebbero accolta. Da molto non aveva più notizie. La nonna mandava il solito vaglia, per fortuna. L'unico segno che ancora qualcuno pensava a lei.

Un pensiero la fulminò: negli ultimi vaglia mancava la solita frase della nonna, „per il tuo sostentamento."

Ormai il ricordo di quel sogno si allontanava sempre più e col ricordo affievoliva anche il malessere.

Rifletté che col denaro che aveva avrebbe potuto fare di certo il biglietto del treno, ma si rese conto di aver bisogno di scarpe nuove, con gli scarponi non voleva andare in città. Quando era arrivata, con le sue scarpette col tacco, aveva avuto non poche difficoltà a muoversi nei boschi, nei sentieri di montagna; appena era stata in condizioni di andare da sola fin sulla strada statale, aveva preso la corriera e in paese aveva comprato un paio di scarponi e calze di lana. Ricordò l'angoscia di quella prima sortita nel mondo civile. Ora era ben equipaggiata, con pantaloni pesanti, giacca a vento, sciarpa calda, berretto e quanto necessario per andare in giro anche con la neve e il freddo. Ma salire su un treno vestita così... no, non se la sentiva.

Man mano che pensava, sentiva una nuova energia salire da fonti sconosciute. Aveva bisogno non soltanto di scarpe. La sua giacca era vecchia, i pantaloni bucati in varie parti, strappati dai rovi, dai rami del sottobosco dove entrava senza paura, ormai, incurante di ogni impedimento che potesse ostruirle il passo.

Decise che prima di partire avrebbe dovuto lavarsi dalla testa ai piedi, cosa che faceva assai raramente. Si era inselvatichita, ma sentiva di non averne colpa. Lavarsi significava ogni volta riscaldare l'acqua, stemperarla poi nella tinozza dove di solito lavava la sua poca biancheria e tutto il resto. Non era certo come a casa, dove bastava andare in bagno, aprire i rubinetti della vasca e lasciarsi andare al piacere di un bagno caldo. Ora si rese conto a quante cose aveva rinunciato da quando viveva qui, come le sue esigenze di vita si fossero sempre più ridotte allo stretto necessario.

Rientrare nella comunità civile significava abbandonare tante piccole abitudini che si erano instaurate per una sorta di rinuncia, ma anche di trascuratezza. Spesso la mattina dimenticava di guardarsi allo specchio e di pettinarsi: i capelli erano cresciuti e ne aveva fatto una treccia che arrotolava dietro la nuca. Li pettinava soltanto quando sentiva che cominciavano a infeltrirsi. Allora scioglieva la treccia e lavava la testa, scegliendo possibilmente una giornata di sole, per asciugarla poi all'aria. Ora pensò che forse avrebbe dovuto andare dal parrucchiere del paese, farsi tagliare i capelli secondo la moda. Ma subito quel pensiero la spaventò. La moda. Ecco una parola del tutto uscita dal suo vocabolario. Decise che anche con la crocchia dietro la nuca poteva andare. Prima però avrebbe dovuto lavare i capelli.

Quante cose doveva fare, prima di partire! Ma voleva andar via prima che la neve bloccasse il sentiero del bosco. Fino alla strada statale c'era un'ora buona di cammino: ogni inverno aveva dovuto lottare quasi a ogni passo, specie dopo una grossa nevicata.

Si crogiolò a lungo nel suo letto caldo, non voleva ancora affrontare la realtà della sua stanza fredda. Aveva tante cose da decidere. E già temette di non farcela, di non saper sbrigare tutte le faccende che avrebbe dovuto fare prima del grande momento.

Rifletté che tutto veniva da quel sogno. Lo esaminò di nuovo, ormai calma, e sentì che era arrivato al momento giusto: stranamente in tutti quegli anni non aveva mai fatto un sogno simile. Le era riuscito di eliminare dalla sua coscienza non soltanto il fatto in sé, effettivamente accaduto, ma anche ogni minimo ricordo di quella vicenda, pur così significativa. Durante le sue interminabili corse per i sentieri del bosco, lungo i fianchi delle montagne, aveva scacciato da sé ogni ricordo molesto; aveva preferito piombare nel caos piuttosto che lasciare emergere scene che avrebbero suscitato in lei solo una vergogna struggente e il desiderio intenso di morire, di disintegrarsi. Quel sogno fu come un avvertimento, già una volta aveva toccato il fondo di quel precipizio e il pericolo di una ricaduta non era da sottovalutare.

Legata al letto, mani e piedi.

Ora mosse cautamente un piede, una mano per accertarsi di essere libera da qualsiasi legame.

Gli anni di solitudine, il suo rapporto quotidiano con la natura, l'allontanamento dal mondo nel quale era vissuta. Di colpo capì il significato della sua lunga corsa: era fuggita materialmente dal proprio passato alla ricerca di se stessa, di quella vera; della sconosciuta che viveva in lei, ignorata, messa a tacere per anni. Forse da sempre, fin dalla nascita.

L'impossibilità di assuefarsi, di accettare l'immagine che il mondo proiettava in lei, era stata la causa prima di ogni suo disturbo. Il conflitto fra le vera natura del suo essere e le richieste dell'ambiente nel quale aveva vissuto fino ad allora, avevano provocato quell'esplosione, quella furia distruttrice. Quella cosiddetta alienazione.

O c'erano delle tare ereditarie, qualcosa che poteva avere a che fare col padre e la sua depressione? Ancor più, con la mancanza di empatia, insensibilità e durezza della nonna?

Lontana dal mondo civile, a contatto con una vita allo stato primitivo, quasi un ritorno alle origini dell'umanità, quando bastava soddisfare i bisogni più naturali per sopravvivere, senza le complicazioni che il vivere in comunità porta con sé: era a questo che aveva mirato la nonna? C'era nella sua condanna anche una speranza di redenzione? O aveva voluto allontanarla dalla casa, dalla cittadina, dalla vita che vi conduceva, soltanto per liberarsene, per non vederla più? E lei aveva accettato perché non sapeva che farsene della propria vita. Era questa la verità? Da cosa era nata la sua indifferenza o rassegnazione? Si domandò che differenza corresse fra questi due termini. Sapeva che allora non era assolutamente in grado di lottare per chicchessia, e meno che meno per se stessa: la morte, la solitudine, il silenzio. Tutto, fuorché quell'ansia che la distruggeva, quel vuoto nel quale era sempre vissuta e del quale aveva toccato il fondo.

E l'inganno, l'impossibilità di liberarsi da qualcosa di vergognoso che le era stato imposto, che aveva subito; l'insensibilità, l'incomprensione delle persone più vicine, tutto questo l'aveva condotta a un passo dalla morte. Ma era stata uccisa l'altra parte di sé, quella che abitava, nonostante tutto, dentro il suo corpo offeso.

Cosa le stava accadendo? Quel sogno voleva ricondurla a una realtà che aveva sepolto da qualche parte, per difendersi. Fra queste montagne aveva imparato, giorno dopo giorno, a costruirsi una nuova immagine di se. Con sorpresa aveva scoperto una persona diversa da quella che le era stata proposta o meglio imposta fin dalla nascita, nella quale era stata costretta a identificarsi. Quel sogno significava che ora poteva finalmente strappare quel vestitino che le era stato messo addosso appena nata, quando era ancora nuda e indifesa. Un vestitino che però non si era allargato insieme al corpo che cresceva: era rimasto sempre lo stesso, costringendola a rimpicciolirsi, a mutilarsi per continuare a sostenere il ruolo che le era stato imposto. Pensò che ogni essere umano alla nascita viene infilato in un vestitino simbolico, stabilito dalla famiglia, il luogo, il tempo; dalla società infine nella quale ognuno è costretto a identificarsi. Ma ogni essere umano man mano che cresce ha il diritto di cambiare vestitino, di scegliere una misura sempre più grande, più confacente al suo sviluppo non soltanto fisico. A lei era stato impedito questo processo, forse soltanto per sua propria deficienza, per qualcosa che le era mancato fin dalla nascita, che aveva meno delle sue sorelle. Forse per una tara ereditaria?

Quando aveva tentato di strapparsi di dosso quel vestitino, si era ritrovata nuda e indifesa.

La realtà l'aveva costretta a ricucirsi un vestito più ampio, confacente a lei adulta. Da sola si era costruita un nuova identità, correndo e gridando come una pazza, dall'alba al tramonto, nella solitudine più completa dei boschi: qui aveva trovato una donna adulta, capace di badare a se stessa, di pensare con la propria testa, di prendere decisioni e accettare di essere al mondo a modo suo, soltanto a modo suo.

Non ricordava più quando aveva smesso di gridare; doveva essere accaduto dopo la morte del padre; di certo una conseguenza di quella grande, definitiva separazione, ma anche della sua crescita. Ormai aveva smesso di essere figlia.

Era soltanto una donna e basta.

Fu come se la nebbia lentamente avesse lasciato spazio, nella sua mente, a una sorta di chiarezza, a pensieri che, logici, man mano si sviluppavano, permettendole di vedere il mondo, la propria piccola esistenza sotto un'altra luce.

Negli ultimi due anni finì di confezionare il suo nuovo vestito, imparò anche a indossarlo per coprire le proprie nudità di adulta; un vestito che si adattava al suo nuovo io, conquistato dopo lotte durissime. Sentì che una sconosciuta luce di razionalità le apriva nuove prospettive. Una presa di coscienza che le dava la forza di lottare contro i fantasmi che ancora si agitavano nella sua mente; che le permetteva in tempo di dominarli, anche col tempestivo aiuto dei farmaci di cui disponeva. E se in un primo momento ne fu abbagliata e ancor più disorientata, man mano capì che se voleva essere viva, viva sul serio, doveva accettare quella nuova luce, farla propria: infine, scoprì il grande dono della vita attraverso l'esempio che le veniva dalla natura stessa, sempre rinascente, sempre indomabile.

Questo sogno le fece capire di essere sul punto di nascere una seconda volta; questa volta però in modo cosciente, non come quando era uscita dal ventre materno, nuda e indifesa: adesso nasceva dal ventre della natura stessa, con una coscienza di sé nuova, più forte, più strutturata.

Alzandosi, non si attardò alla finestra, come faceva dal giorno in cui era arrivata qui: aveva fretta, fretta di incominciare a vivere nella realtà, in quella vera, anche se non sapeva quale fosse.

Tutta da inventare, pensò.

Una realtà tutta da inventare, si ripeté a voce alta.

Scese in cucina. Intanto che accendeva la stufa – il freddo era insopportabile – e si preparava la colazione, notò nei movimenti delle mani un certo nervosismo, una sorta di impazienza. Si fermò. Adesso voleva fare tutto con calma, aveva tanto tempo a disposizione e non era da sottovalutare il pericolo di una ricaduta. Ne conosceva le prime avvisaglie.

Il tempo. In tutti quegli anni la sua unica grande ricchezza. E se all'inizio lo aveva temuto come un nemico pronto a ingoiarla per quella sua strana capacità di dilatarsi, di allungarsi tanto da annullare ogni confine, man mano aveva imparato a dominarlo, a impadronirsene. Cioè era riuscita a strutturare il caos iniziale cominciando, per prima cosa, a mettere ordine nella sua giornata, suddividendo il tempo e riconoscendo in esso, nonostante l'apparente continuità, un inizio e una fine; un processo del quale per anni non era mai stata cosciente. Era accaduto da sé. Non sapeva come, ma era accaduto. Forse le era stata di aiuto la radio, il primo vero contatto col mondo esterno, il primo tentativo di un ritorno alla civiltà.

Forse l'essere umano prende coscienza di sé nel momento in cui riesce a suddividere il tempo, a riconoscervi qualcosa di limitato, e perciò di suddivisibile, di controllabile, mettendo in tal modo ordine dentro e fuori di sé? La misurazione del tempo come uscita dal caos primordiale?

Erano nate, forse senza volerlo, delle piccole abitudini alle quali si sentiva legata perché erano soltanto sue: una sorta di super-io forte, deciso, la guidava, le dava stabilità, sostegno. Ritrovava vecchi modelli di vita che non sapeva di avere in sé, che credeva non aver mai recepito. Era come se la civiltà, dopo un enorme stacco e una ricaduta nel caos iniziale, avesse lentamente ripreso il sopravvento; e insieme alla civiltà, in forma di abitudini, regole e anche limitazioni, ritrovava un equilibrio interiore come forse non aveva conosciuto mai.

Il ricordo di quel sogno tornò più volte durante quella mattinata e con esso la consapevolezza di un rientro nella normalità che mai aveva considerato possibile, anche perché non sapeva di essersene allontanata. Ora si sforzava di capire quando e perché era entrata nel caos: quel sogno le riportava un brevissimo momento della sua vita passata, come un lampo che per un secondo illumina una scena altrimenti buia. E più volte si rivide realmente in quel letto d'ospedale, legata mani e piedi.

Ma prima e dopo, cosa era accaduto?

La sua famiglia doveva saperlo. Loro avrebbero potuto raccontare tutto. Certo, i fatti come li avevano visti o vissuti loro.

Ma la sua parte, quella che riguardava lei... chi avrebbe potuto raccontarla? Chi avrebbe potuto dirle cosa era accaduto a lei, cosa l'aveva costretta a uscire dalla realtà?

La nonna, forse? La mamma? La Celerina?

Avrebbe chiesto alle tre donne. Almeno una avrebbe detto la verità.

Quale verità?

Ognuno ha una propria verità. E la sua, quella che più contava, era sepolta da qualche parte. Non sapeva dove.

Parte seconda
Il ritorno

I

Angelica era in piedi già da molte ore. Si era alzata col buio, timorosa di perdere la prima corriera, senza contare il lungo percorso da fare a piedi: voleva essere in città il più presto possibile. Non sapeva ancora quale treno avrebbe preso, e soprattutto voleva fare tutto con calma. Preferiva aspettare in stazione, piuttosto che perdere qualche coincidenza.

Qui in città, nonostante il settembre inoltrato, si sentiva ancora l'estate nel suo finire; gli alberi lungo il viale della stazione erano verdi e il breve cammino dalla fermata degli autobus le sembrò quasi una passeggiata. Fu come un ritrovare un mondo che aveva lasciato in tempi assai remoti, un pulsare di vita cittadina che aveva dimenticato nella solitudine delle montagne. Un po' smarrita, ma solo un poco, si guardava intorno come una venuta da tanto lontano, perché no, da un altro tempo, da un altro mondo; stranamente ritrovava sensazioni dimenticate e, nonostante la paura, sempre più chiaro si manifestava il desiderio di rimescolare le carte della sua vita, di giocarle persino. Di rimettersi in gioco: la vista di tanta gioventù piena di energia la rincuorava. Da poco erano iniziate le lezioni a scuola e si sentiva l'attesa del nuovo, e anche il piacere di rivedersi, di scherzare insieme.

Nel piccolo negozio del paese dove scendeva sempre per andare alla posta, a Varna, aveva trovato incredibili vestiti alla moda, accessori, scarpe; sembrava essere arrivata anche lì un'ondata di modernità cui lei si era sottratta già da molti anni. Voleva comprare qualcosa da mettere per il viaggio: un vestito di lana, esposto in vetrina, aveva attirato la sua attenzione. Semplice, anzi lineare, dava un senso di morbidezza dovuto al materiale e anche alla sua fattura. Sembrava un pullover più lungo del normale. La commessa o forse padrona del negozio, l'aveva incoraggiata a provarlo, per vedere se la misura era giusta. Angelica non aveva saputo dire che misura avesse. Entrò nel camerino e cominciò a svestirsi. Da anni non si era più vista in tutta la figura; nella sua casetta aveva solo uno specchietto appeso sul lavabo della cucina, dove a malapena riusciva a distinguere il suo viso, anche per la poca luce e forse per una sorta di noncuranza. Ora si vide nel grande specchio e quasi ne fu scioccata. Man mano che si svestiva vedeva un corpo insignificante, estraneo, il corpo di una donna che non conosceva, infilato in biancheria di cotone, mutandine lunghe da contadina, canottiera bianca; le spalle magre, ossute, le gambe non belle, un po' pelose. No. Non le piaceva affatto ciò che vedeva. Un corpo senza età, senza grazia. Neanche un barlume di bellezza. „È questa Angelica?", si chiese, „la donna che vive o meglio convive con me?"

Apparteneva a lei quel corpo nel quale era infilata, col quale andava in giro, che nutriva, metteva a letto? Il corpo che l'aveva tradita? Lo stesso corpo steso in un letto d'ospedale?

«Allora? Come va...le sta bene...? Si faccia vedere.» La voce da fuori la cabina, quasi impaziente, si fece sentire. Forse era rimasta troppo a lungo davanti allo specchio, persa in pensieri, come era sua abitudine. In fretta infilò il vestito e senza più guardarsi uscì intimidita.

«Non c'è male. Credo sia proprio la sua misura. Ma avrei lo stesso abito in un colore più vivace... questo mi sembra molto scuro per lei.» Angelica si trovò in piena luce davanti a un grande specchio e si guardò quanto mai insicura. Neanche questa donna conosceva. Il vestito era verde scuro e le arrivava al ginocchio, anzi lo scopriva.

«Mi sembra corto... non avrebbe qualcosa di più lungo, che arrivi almeno sotto il ginocchio?»

«Più lungo? Questo è già lungo... dovrebbe vedere le vere mini, quelle che coprono appena la coscia...» La donna sorrise e capì che la sua cliente era rimasta piuttosto indietro con la moda.

«Sì, ma non mi sento bene con un vestito così corto... potrebbe farmi vedere qualcosa...»

«Non mi chiederà di darle un vestito passato di moda... qui in negozio non ho altro e poi, le assicuro, le sta proprio bene. È giusto che stia col passo... è ancora giovane!»

Angelica era talmente confusa da ciò che vedeva, che non sentì nemmeno i commenti della donna. Aveva una sola preoccupazione: il prezzo, dati i mezzi piuttosto modesti dei quali disponeva. Considerò che dopo aver pagato il vestito, le sarebbe rimasto ancora abbastanza per le scarpe e il biglietto del treno, e dopo un momento di incertezza lo comprò.

Ora, vestita così, si sentiva fuori posto. Le sembrava di portare in giro una sconosciuta con un vestito nuovo. La mattina presto, uscendo dalla sua casetta, si era sentita rassicurata dal buio: a quell'ora nessuno l'avrebbe vista, neanche la contadina. Sulla corriera si era del tutto tranquillizzata. Ma in città ebbe l'impressione che tutti la guardassero: sembrava una contadina scesa dalle montagne, tanto era spaesata, senza contare quel vestito così corto. Poi si accorse che in realtà nessuno la notava, anzi si perse nella folla anonima, lei stessa anonima, una senza nome, senza passato. Presente soltanto per la durata di quel momento in cui attraversava quel breve tratto di strada.

La stazione di Bressanone di primo mattino era animata da pendolari, studenti e scolari che correvano a frotte sulle scale verso i binari: davanti ai due sportelli della biglietteria si allungava una fila impaziente di viaggiatori.

Si avvicinò subito e senza esitare si mise in fila. Chiese quale treno avrebbe dovuto prendere per andare a Suzzara e dovette sillabare il nome perché l'impiegata della stazione non sapeva da che parte prendere. Ebbe il biglietto e un foglio stampato dove era scritto tutto, persino il numero del binario. La donna dietro lo sportello era molto gentile, anzi comprensiva. Forse percepiva la sua insicurezza.

Angelica era ormai una donna di forse trent'anni, forse più, i capelli castani con qualche filo bianco, annodati dietro la nuca, il viso dalla pelle scurita dal sole, i lineamenti ben precisi, non belli ma neanche brutti. Gli occhi scuri, piccoli, ansiosi. Appena ebbe il biglietto in mano, decise di prendere un caffè al bar che aveva visto appena entrata in stazione: la mattina presto, lo stomaco chiuso, era uscita di casa quasi al buio, preoccupata solo di mettere il grosso catenaccio alla porta, come faceva ogni volta che scendeva in paese.

La sera prima aveva avvertito la contadina che sarebbe partita per un certo tempo, che non le portasse più il latte e il resto. La donna l'aveva guardata stupita, non capiva, come sempre, e non si dava pena di capirla. Angelica a gesti cercò di spiegarle che aveva intenzione di andare a casa, rivedere la mamma. Finalmente capì. Non fece nessun commento. Già da tempo si era accorta dei miglioramenti di quella strana persona; non la sentiva più gridare nella sua casa, da sola, sbattere porte e finestre, come all'inizio della sua permanenza; vedeva nei suoi occhi un lento ritorno alla normalità, e aveva previsto la sua partenza.

Le chiese, sempre nella sua lingua incomprensibile per Angelica, se contava di tornare e quando. Ancora una volta non si capirono. Allora cercò qualche parola italiana, le poche che conosceva:

«Torna... dopo... quando?» Angelica non seppe rispondere. In realtà non sapeva neanche lei se sarebbe tornata. Il suo imminente futuro era soltanto un grande punto interrogativo. Scosse la testa per farle capire che non lo sapeva. La contadina assentì. Per la prima volta si strinsero la mano e fu un gesto spontaneo delle due parti. Ci mancò poco non si abbracciassero. Ma qualcosa le trattenne. La donna, sempre nella sua lingua, le augurò buona fortuna. Angelica la capì, forse per l'espressione di colpo umana dei suoi occhi e il mezzo sorriso che era riuscita a regalarle. Si sentiva sollevata da un compito che in realtà l'aveva impegnata per un lungo numero di anni e il chiaro miglioramento di Angelica era anche per lei motivo di soddisfazione. Tornò nella sua casa con un sorriso sulle labbra e fu per il resto della serata leggera, quasi allegra. Varie volte ripensò alla sua 'paziente'. Tornava a casa, dalla mamma, ormai guarita. Poi si incupì. Che ne sarebbe stato della casetta?

Alla stazione di Bressanone sentì per la prima volta di essersi allontanata dalle montagne, dai boschi, dalla casetta alla quale si era ormai abituata: ebbe un momento di smarrimento e sentì qualcosa che aveva a che fare col panico. Fu come se avesse chiuso una porta dietro di sé e si trovasse di colpo in una terra di nessuno. Pensò, e fu un pensiero assai veloce, che la vita trascorsa in quei luoghi apparteneva a un passato assai lontano, quasi non più suo. Non come quando era arrivata, anni prima. Allora per molto tempo aveva continuato a vivere nella casa paterna. Tutti i suoi pensieri erano concentrati lì, e la mattina, svegliandosi, a lungo non era stata in grado di raccapezzarsi, di ritrovarsi in quelle pareti estranee, confrontata con odori diversi, visioni diverse, in una realtà più alienante che mai. Soltanto la vista della sua gatta l'aveva conciliata con la nuova vita.

Ora al bar della stazione, mentre sorseggiava il caffè, ripensò alla sua gatta, lasciata lì, fra le montagne. La sua piccola compagna scomparsa. Risentì una fitta di dolore intenso, il rimpianto per una creatura, forse l'unica, che l'aveva amata nel bene e nel male, senza alcuna riserva. Da lei aveva imparato che l'amore si basa soprattutto su un grande senso di responsabilità verso l'essere amato e che soltanto amando l'altro si riesce ad amare se stessi.

Sapeva che non l'avrebbe dimenticata mai.

In treno cercò uno scompartimento possibilmente vuoto, o almeno occupato da sole donne. Aveva portato con sé soltanto una sacca con il cambio della biancheria. In fondo non aveva vestiti oltre a quello che indossava, scarpe, o altri indumenti. La sera prima, mentre si preparava, si accorse di non avere niente che valesse la pena di portare con sé, e soltanto adesso notò la miseria nella quale era vissuta, tutti quegli anni, senza neanche rendersene conto.

Osservava le persone che le stavano sedute accanto, di fronte, giovani donne assai vivaci, forse studentesse. Tutte assai diverse da come era stata lei alla loro età. Come tutto era cambiato!

Vide che le donne vestivano pantaloni o gonne assai corte ma anche lunghe, avevano un modo di muoversi disinvolto, una sicurezza che lei non aveva mai conosciuto. Era spaesata. Sentì sempre più di non far parte di quella società, ma neanche di quella passata; il suo senso di estraniamento raggiunse il limite massimo. Non si scoraggiò. Continuò a guardarsi intorno, curiosa e sempre più inquieta.

Da quando aveva preso la decisione di tornare a casa non si era preoccupata di chiedersi come avrebbero reagito la nonna, la mamma e il resto della famiglia. Ora, quando ormai non avrebbe più potuto tornare indietro, ebbe un momento di panico. E se non l'avessero accolta, se si fossero rifiutati di riprenderla? Che ne sarebbe stato di lei? Sarebbe tornata nella sua casetta, ecco, e cercò nella tasca la chiave con la quale aveva chiuso il catenaccio della porta. Una grossa chiave che la tranquillizzò subito.

Rispettando tutte le coincidenze, avrebbe dovuto essere a casa all'ora di pranzo. La nonna, la mamma, tutta la famiglia e forse qualche ospite seduti a tavola.

Avrebbe dovuto scegliere un momento diverso.

Pensò di fermarsi qualche ora a Verona per arrivare nel primo pomeriggio, quando in casa avrebbe potuto incontrare soltanto una o due persone: chi? La mamma forse lavorava ancora e la Celerina pure. La nonna e qualche domestica. Non volle pensare oltre. Ormai sapeva di non poter tornare indietro.

Scese a Verona e senza riflettere seguì la folla dei passeggeri fino al sottopassaggio. Guardò il binario scritto nel suo foglio con tutte le informazioni e si avviò da quella parte. Il treno era già lì, in attesa. Salì. Tante donne di varie età, tutte molto indaffarate, volitive: si vedeva da come passavano nel vagone ormai pieno, dal modo in cui si guardavano intorno. „Donne moderne" pensò. „Anch'io sono una donna... ma non come loro." Man mano che le osservava allo stupore subentrava una sorta di ammirazione: forse avrebbe voluto essere come loro. Ma chi, cosa glielo impediva?

Per la prima volta pensò: „fossi nata in un'altra famiglia." Ma non continuò quel pensiero. Perché attribuire agli altri responsabilità che in fondo riguardavano solo lei?

Qualcosa attraversò la sua mente, qualcosa che tornava ogni volta che si trovava in difficoltà: la consapevolezza che anche quel giorno sarebbe finito. E il giorno seguente sarebbe stato in ogni caso diverso, perché ogni giorno è diverso dall'altro. Anche questa una scoperta assai recente. Niente si ripete veramente. Anche nei gesti più abituali c'è sempre un accento nuovo, qualcosa d'altro. Mai le foglie di un albero si riproducono esattamente come prima, i fiori, l'erba in tutta la sua semplicità, e la corteccia di ogni albero. Aveva avuto il tempo di osservare per ore questo fenomeno: niente si ripete. E anche le sue giornate che prima considerava tutte uguali, in realtà non lo erano affatto, perché lei stessa non era mai uguale a se stessa.

Solo l'ombra che l'aveva terrorizzata per anni, solo quella era rimasta sempre uguale, una forma maestosa, alta, vagamente umana, senza volto. Sapeva che era un uomo. Sempre lo stesso uomo vestito di nero. Nero dalla testa ai piedi.

Tornò il ricordo di se stessa legata a un letto d'ospedale. Questo le aveva dato la misura del tempo trascorso. Con estrema lucidità, in quelle ultime settimane prima della partenza, si era resa conto di aver vissuto fino a quel momento in una realtà fittizia, necessaria per superare il lungo intervallo che separava il giorno dalla notte vera, quella popolata da incubi; di aver vissuto a lungo in un mondo di sogni non prodotti dal sonno notturno, ma da visioni, o meglio da allucinazioni sconvolgenti. Quanto tempo era stato necessario per svegliarsi in modo definitivo? Quando aveva smesso di ritrovarsi, dopo una lunga corsa, nel fitto di un bosco, o lungo un sentiero di montagna, in piena notte, sola, sfinita, tremante più di paura che di freddo?

Già da tempo ormai non usciva di casa se non all'alba, l'ora che preferiva già da sempre. Non le fu possibile ricostruire il momento in cui era uscita dall'inferno: era accaduto per gradi, impossibile fissare una data, un giorno.

Oltre il muro di brutti sogni, di allucinazioni e ricordi angosciosi, l'aspettava la vita, quella che lei ancora non conosceva, che le riservava una quantità di sorprese, di novità, forse anche di dolori. Ora era soltanto in cammino.

Interpretò quel viaggio come una sfida con se stessa, con la donna che non era mai stata. All'arrivo l'aspettava un'altra Angelica, quella che sonnecchiava nella parte più recondita di sé, sommersa da inibizioni, regole di vita stabilite da altri, da chi aveva voluto formare la sua personalità usando i vecchi stereotipi del come deve essere una bambina, e poi una donna, per essere accettata dalla società.

Sentì che quel suo corpo sgraziato aveva acquistato una forza, una nuova energia mai conosciuta prima: le montagne; la solitudine aveva fatto il miracolo di conciliarla con la vita. Anzi di farle conoscere il vero senso della vita, la sua appartenenza alla natura stessa col suo ciclo di caduta e rinascita, di sonno e di veglia, di giorno e di notte. Adesso usciva dalla notte degli incubi per entrare nel giorno pieno di luce, dove le ombre, le visioni, non potevano avere posto.

Tanti pensieri occupavano la sua mente, andavano e venivano, mentre il treno proseguiva la sua corsa.

Si concentrò sulle stazioncine che man mano le passavano sotto gli occhi. In questo treno nessuno annunciava la prossima fermata come nel treno precedente, per cui cominciò a temere di non scendere alla stazione giusta. Sentì una vecchia nemica salire su dallo stomaco e stringerla alla gola: l'ansia. Si guardò intorno. Sedute accanto a lei alcune ragazzine chiacchieravano e ridevano fra di loro. Si fece forza e chiese quante fermate ancora per Suzzara. Si fecero serie. Forse percepirono la sua insicurezza, anzi la paura. La squadrarono curiose. Una ragazza rispose subito.

«Ci sono ancora molte fermate...questo treno ferma a tutte le stazioni. Stia tranquilla... L'avverto io...» Nonostante la gioventù c'era nella sua voce un che di tranquillizzante, quasi di persona matura che sa già tutto. Angelica la ringraziò e si calmò all'istante. Quella ragazza l'aveva capita. Adesso le ragazzine non ridevano più, né si scambiavano commenti sulla scuola, come avevano fatto fino a pochi minuti prima; sembravano contagiate dall'ansia di quella strana donna dall'aspetto tanto diverso, in qualche modo fuori posto. Adesso osservavano le sue mani, piccole, brune, forti. Nervose. Ma ciò che le affascinava era il volto, anch'esso scurito dal sole, dall'aria di montagna. Forse anche dal vento. Un viso giovane, senza una ruga, dalle linee non dozzinali anche se non belle. C'era una certa nobiltà in tutto il suo modo di fare, di guardarsi intorno con discrezione, quasi scusandosi, di tenere la mani in grembo, di incrociare i piedi sotto il sedile forse per nasconderli, senza contare le gambe snelle, muscolose, coperte da bruttissime calze di cotone, come forse portavano in altri tempi le loro nonne. Tutto era strano in lei ed estremamente interessante.

«Viene qui per la prima volta?», chiese la stessa ragazza di prima. Angelica sul momento non seppe cosa rispondere. Certo, era la prima volta che veniva qui in treno, ma come spiegare che era nata lì, da quelle parti e che tornava dopo un numero ancora per lei non chiaro di anni?

Una forestiera nata lì e da sempre assente da quei luoghi.

«Sì, è la prima volta...», non seppe come proseguire. Vide gli occhi della ragazza, benevoli, quasi affettuosi e sorrise, per la prima volta, quel giorno. Quel sorriso illuminò per un istante il suo viso. Fu un miracolo. Come per incanto un qualcosa di infantile, di tenero, anche di estremamente indifeso si diffuse in tutto il volto. Una vera trasformazione. La ragazza che la fissava si commosse e non capì perché. Fu come aver gettato uno sguardo nella parte più riposta di una persona, come se avesse visto per un attimo l'anima invisibile di un essere umano. Mai un sorriso aveva espresso tanto.

Angelica si distrasse a osservare il paesaggio oltre il finestrino dello scompartimento: un paese che ritrovava quasi dentro di sé, vissuto insieme a lei nonostante i lunghi anni di separazione. La pianura quel giorno era persa nella nebbia; qualche casa affiorava dal nulla, qualche albero spoglio.

A Mantova ci fu una sosta più lunga delle altre e lei si inquietò. La ragazza le sorrise, incoraggiante.

«Ancora venti minuti e poi dovrà prepararsi, perché il treno ferma soltanto giusto per scendere e salire.»

«Grazie.»

Scesa dal treno ripensò subito con nostalgia all'incontro di poco prima. Quelle ragazzine le avevano dato tanto. L'avevano riempita di calore, di fiducia. Questi erano gli aspetti più belli della vita in comune, rifletté, sentendo il proprio passo più leggero.

Attraversò i binari. In quella stazioncina non c'era ancora un sottopassaggio. Uscì sullo spiazzo davanti alla stazione e subito il presente e l'imminente futuro le crollarono addosso. Si fermò e vide la strada alberata che l'avrebbe condotta direttamente a casa, nella grande casa della nonna: e se qualcuno l'avesse incontrata e riconosciuta? Magari salutata. No. A quell'ora, lo sapeva, erano tutti a casa, per il pranzo. Si calmò. E poi, nessuno avrebbe potuto riconoscerla, dopo tanto tempo. Lei era tanto cambiata.

Il percorso fu assai breve ma non per questo meno angoscioso. Rientrò nel sogno, nella visione che aveva riempito la sua solitudine. Quella strada. Sempre quella strada dalla quale era partita come una ladra, di mattina presto, ora deserta, nessuna macchina in giro, così come era sempre apparsa nei suoi sogni, nel ricordo lacerante. E le persiane delle finestre, di tutte le finestre abbassate, quasi la città fosse stata abbandonata dai suoi abitanti. E niente gerani alle finestre, sulle balaustre dei balconi, come era abituata a vedere ormai da tempo, ma alberi e una ricca vegetazione che sembrava crescere nonostante la presenza degli uomini.

Respirò profondamente e quell'aria le fu subito familiare. Mai come in questo momento aveva notato come l'aria di montagna fosse diversa, pungente, con una sua corposità e un odore particolare. Qui non aveva quasi bisogno di respirare, andava tutto da sé, con grande facilità.

Perché allora quell'affanno, man mano che si avvicinava a destinazione?

Finalmente ecco la casa della sua infanzia. Si fermò a osservarla stupita dalla bellezza, dall'eleganza della facciata mezzo nascosta dal fogliame del giardino antistante, e la particolare bellezza della ringhiera in ferro battuto, della scalinata, il lungo balcone che girava intorno alla casa, fra le due strade. Una villa padronale del secolo precedente, che non ricordava più in questa forma. Aveva dimenticato l'aspetto esteriore della casa perché in tutti quegli anni lei aveva continuato a vivere dentro, fra le pareti di quella casa, lungo il corridoio che separava le stanze, davanti alle porte che non si aprivano mai, dietro le quali si nascondevano i mille segreti dei suoi abitanti, i loro pensieri. I loro tormenti.

II

«Chi è?» Una voce al citofono che non conosceva, una voce femminile.

«Sono io, Angelica.» Silenzio dall'altra parte. Dopo un tempo che le sembrò lunghissimo sentì il pulsante della porta e spinse per aprire: quella porta era sempre stata molto pesante. Oggi sembrò non volesse spostarsi di un centimetro. I cardini avrebbero dovuto essere oliati da tempo. Entrò nell'andito e subito la porta ricadde silenziosamente dietro le sue spalle. Il buio, dopo la grande luce della strada, era completo. Si fermò un momento per abituarsi all'oscurità del luogo, ma anche per riprendere fiato, il cuore in gola. Sapeva che alla sua destra, sul muro, c'era l'interruttore della luce. Quell'andito mancava di una finestra, ma anche ce ne fosse stata una, le persiane abbassate lo avrebbero ugualmente lasciato in penombra.

Come paralizzata, non riuscì ad allungare la mano. Qualcuno accese la luce. Dal soffitto pendeva un vecchio lampadario di ferro battuto che dava pochissima luce, abbastanza però per vedere l'inizio delle scale. Girò gli occhi intorno anche per abituarsi a quella semioscurità; scorse lungo il muro una vecchia cassapanca, un grande quadro scuro, di soggetto indefinito, che da bambina l'aveva sempre inquietata, e poi una poltrona, il tappeto sul pavimento di ceramica a grandi quadri bianchi e neri e altri arredi che aveva dimenticato: quanto buio in quella casa. E già all'ingresso.

Non si avviò subito lungo le scale. Restò inchiodata dietro quella porta quasi ci avesse messo radici.

Ancora la stessa voce, da su.

«Chi è?»

«Vengo.» Ma i piedi non si spostavano di un centimetro, le gambe molli, prive di forza. Proprio come in sogno, pensò. E poi aveva detto quel „vengo“ così piano che di certo non era stato udito, perché la voce dall'alto ripeté, un po' spazientita.

«Chi è?» e sentì che qualcuno scendeva le scale.

«Sono io, Angelica.» E cercò di alzare la voce. Fece un primo passo e nello stesso momento la luce si spense, aveva un meccanismo automatico che dopo qualche minuto si spegneva. Doveva essere una nuova invenzione della tecnica per risparmiare energia, di certo voluto dalla nonna. Non ricordava di averlo visto prima.

La persona di sopra accese di nuovo la luce.

Angelica ora si avviò sulle scale, l'ampia scala di marmo dagli scalini larghi, bassi, che conosceva a uno a uno, che aveva percorso migliaia di volte correndo in giù o in su, per anni. Doveva soltanto muovere i primi passi. Si appoggiò alla ringhiera di legno tornito e sentì una grande pesantezza alle gambe. Era arrivata... era veramente arrivata?

La persona aveva smesso di scendere, anzi era tornata su e si era fermata sull'uscio della porta, in attesa. C'erano due brevi rampe di scale da fare, fino al primo piano. A ogni pianerottolo Angelica si fermava per riprendere fiato. Strano, lei che correva in salita sulle montagne senza mai stancarsi, ora, quei pochi scalini le avevano tolto il fiato. Intanto la luce si era spenta ancora una volta. La mano della persona che l'aspettava si allungò e accese. Chi era quella persona? Finalmente Angelica l'ebbe davanti a sé e non la conobbe. Una nuova domestica di certo, giovane, con un grembiulino bianco che, come d'abitudine, doveva mettere il personale che serviva a tavola. Solo per servire a tavola.

In quel momento una figura alta, magra, si precipitò dall'interno della casa scostando ruvidamente la ragazza da parte: la Celerina!

«Ma ten ved... questa l'è l'Angelica!» La voce era sempre la stessa. Solo la persona era irriconoscibile, invecchiata, i capelli tutti bianchi, il viso coperto di rughe, il corpo smagrito, quasi rinsecchito.

«Entra, entra... che fai lì sulla porta?» Parlava come sempre in dialetto, il tono autoritario, la voce che neanche la sorpresa riusciva a mitigarne la durezza. Questa non poteva essere altri che la Celerina.

Angelica si ritrovò catapultata in casa e senza sapere come era già nel corridoio, mentre una mano la spingeva con energia verso la stanza da pranzo.

«Che la porti un piatto e il resto per l'Angelica», ordinò alla ragazza passandole accanto. Angelica si fermò sulla soglia della grande sala, quasi abbagliata dalla luce improvvisa e inaspettata di quella stanza, di certo la più luminosa di tutta la casa. Le persiane della porta-finestra erano state alzate per permettere di mangiare in piena luce. Anche lì, tutto al posto di prima: il grande tavolo in mezzo, la credenza da una parte, dall'altra due poltroncine e un piccolo divano. Qualche pianta accanto alla porta finestra, le tende di lino ricamate, lunghe fino al pavimento, candide come sempre.

La tavola era apparecchiata solo in piccola parte, per due persone. Vide subito la madre, anche lei una vecchia signora quasi irriconoscibile, mentre accennava ad alzarsi impacciata e forse spaventata.

Angelica rimase inchiodata su quella soglia, indecisa, intimidita dall'irruenza della Celerina, irruenza che aveva dimenticato, ma che era sempre stata parte integrante del suo carattere.

«Entra, entra e siediti.» Poi rivolta alla ragazza che intanto era venuta con piatto posate e bicchiere, «porta anche la minestra e aspetta per il secondo.» Poi rivolta alla nuova arrivata: «Noi abbiamo appena finito il primo.»

Angelica si avvicinò alla madre per salutarla. Non seppe se tenderle la mano, abbracciarla... la madre la fissava con gli occhi di chi vede un fantasma, tale era la sorpresa. In quel momento Angelica più che mai si sentì un'estranea. Non le tese la mano né tentò di abbracciare la donna che l'aveva partorita. Si diresse verso il posto dove aveva visto deporre il piatto e le posate, scostò la sedia e finalmente si sedette. Ne aveva proprio bisogno.

Anche la Celerina si sedette. La madre, ancora stranita, dopo qualche minuto, indecisa sul da farsi, ne seguì l'esempio. Ora le era seduta di fronte. Si guardarono. Le prime parole della madre furono:

«Stai bene?» Il tono assai preoccupato.

«Sì, sto bene.» Non seppe rispondere altro e si meravigliò di avere ancora una voce. Intanto la ragazza le mise qualcosa nella scodella e la Celerina la invitò a mangiare. Angelica prese il cucchiaio in mano e ripensò alla solita frase della nonna... appoggiò il cucchiaio dentro il piatto e guardò a capotavola, dove sempre sedeva la padrona di casa. Celerina seguì i suoi occhi e capì.

«La Signora ci ha lasciato il 20 maggio scorso, dopo una lunga malattia. Che Dio l'abbia in gloria, amen.» E si fece il segno della croce. Dopo un po', vedendo lo smarrimento di Angelica che non si decideva a riprendere il cucchiaio, aggiunse, come per incoraggiarla:

«Ora mangia.» Così Angelica capì che in quella casa non si facevano più le preghiere di ringraziamento prima di ogni pasto e forse neanche veniva recitato il Rosario, all'imbrunire.

La nonna era morta e nessuno glielo aveva detto, o meglio scritto. Anche lei tornava dal regno dei morti, pensò, e prese di nuovo il cucchiaio in mano. Di solito a quell'ora aveva già pranzato; la contadina, puntuale, le portava da mangiare poco dopo le 11 del mattino. Avrebbe dovuto avere fame, ma gli avvenimenti di quella mattinata le avevano fatto dimenticare di avere uno stomaco.

Le due donne la fissavano incredule.

«Qual buon vento ti porta qui?» sbottò la Celerina, non pensando assolutamente che si trattasse di un buon vento, semmai di un temporale.

«Lì non avevo più niente da fare...» E nello stesso momento pensò che in realtà lì non aveva mai avuto niente da fare. Inghiottì qualche cucchiaiata di minestra di verdure che le sembrò assai saporita, forse addirittura salata e appoggiò di nuovo il cucchiaio sul piatto, non era più abituata a un gusto simile. Prese la brocca dell'acqua e si versò da bere. Anche l'acqua qui era diversa, sciapa, insapore, non come l'acqua di fonte che scorreva notte e giorno a una fontanella accanto alla sua casa, lassù, fra le montagne. Gelida, corposa, ogni volta una frustata per il palato, per la gola, e un piacere infinito, indescrivibile per tutto il corpo.

«E cosa pensi di fare, qui?» Il tono era duro, deciso. Intervenne la madre.

«Lasciala stare. È appena arrivata.» La voce era più stanca e sottomessa di prima. Angelica capì di colpo che ora in quella casa chi comandava era la Celerina. La madre, rassegnata, debole, sembrava essere malata, in ogni caso non aveva nessuna energia, né la volontà di reagire.

«Lasciala stare... dobbiamo sapere che intenzioni ha.» Fu la pronta reazione di Celerina, già impaziente.

«Se la minestra non ti piace, passiamo al secondo. Donata, porta la pietanza», gridò con voce di comando. Donata arrivò subito e mise sulla tavola un vassoio con carni, verdure e altro. Celerina servì subito la mamma e poi se stessa. Appoggiò il grande cucchiaio di servizio sul vassoio e rivolta ad Angelica:

«Serviti», quasi le ordinò.

Angelica, cui nel frattempo Donata aveva tolto la scodella con tutta la minestra dentro, si servì senza molta convinzione. Prese qualche pezzetto di carne, un po' di contorno, non mangiava da tanto tempo roba del genere, non sapeva più se le piaceva. Celerina, pur mangiando con l'appetito di sempre, continuava ad osservarla.

«Non sembra che tu abbia molta fame... forse hai già mangiato prima di venire qui.»

«No, non ho mangiato, e sono in viaggio da questa mattina alle sei.» Quel tono cominciava a disorientarla, ma ancor più a irritarla. E se ne stupì.

«Dove sono le mie sorelle?», chiese rivolta alla madre.

«Elisa è già sposata da tempo, e vive a Mantova; Ivana e Rosangela sono a Bologna per studiare, vengono solo per le feste», aveva risposto la Celerina, precedendo la mamma che lasciò fare, forse grata di non dover parlare.

Angelica non si era aspettata quell'accoglienza. Veramente non si era aspettata niente. Non aveva pensato alla reazione della famiglia e soprattutto che la nonna non ci fosse, e anche le sorelle. In quella casa vivevano solo due donne, la mamma e Celerina, più una ragazza per i servizi.

Anche alla mamma era venuto a mancare l'appetito, mentre Celerina si servì una seconda volta. Angelica piluccava qua e là nel proprio piatto, sempre più insicura.

Finalmente arrivò la frutta. Furono cambiati i piatti e le posate: le vecchie usanze di prima erano rimaste intatte, come la tovaglia bianca di lino e i tovaglioli ben arrotolati nell'anello d'argento col nome scritto in lettere gotiche. Angelica non ebbe l'anello, perché la ragazza non sapeva che ce n'era uno, da qualche parte, di certo nel fondo di un cassetto, insieme a quello del padre, anche lui andato via per sempre. Quel ritorno inaspettato scombussolò soprattutto la mamma, la Celerina restò imperturbabile, niente poteva sconvolgerla, neanche la visita di un morto resuscitato.

«Quanto tempo pensi di restare qui?», chiese appena la ragazza fu uscita dalla stanza da pranzo.

«Non ci ho ancora pensato.» Angelica finalmente si girò e guardò la Celerina negli occhi, per la prima volta: possibile che quella donna non avesse imparato niente dalla vita? Quanti anni poteva avere, adesso, si chiese Angelica, più di sessanta, certo di più, e ancora non cedeva di un millimetro. Un pensiero la fulminò e la sbigottì: „fa da padrona e non è la padrona! La mamma è la sola padrona qui."

«Voglio rivedere le mie sorelle, voglio sapere cosa è accaduto in tutti questi anni. Voglio sapere...» La Celerina la interruppe.

«In questa casa la parola voglio non viene usata mai, lo hai dimenticato?»

«Questa era un'imposizione della nonna, se non sbaglio. Tu qui non hai niente da imporre e io parlo come voglio.» Angelica si meravigliò delle proprie parole ma sentì che le doveva dire se non voleva scoppiare.

«Angelica... per favore, calmati.» Era la madre che pregava.

«Io sono calma, mamma, stai tranquilla. Ma non credevo di essere accolta in questo modo e da questa persona che in realtà non fa parte della nostra famiglia.» La Celerina si alzò e uscì dalla stanza sbattendo la porta dietro di sé. Angelica si versò un altro bicchiere di acqua e lo bevve d'un fiato.

La madre si spaventò.

«Che intenzione hai, che vuoi fare, adesso? Angelica, non sarai venuta per metter guerra in famiglia... io sono tanto malata e ho bisogno delle sue cure... se lei mi abbandona non so proprio come farò. Chiamala e scusati con lei.»

«Non sapevo che tu fossi malata. Stai tranquilla. Ma dimmi cos'hai... non mi avete mai scritto niente. Non sapevo della nonna... che tu sei malata, che Ivana e Rosangela sono via... perché, perché tutto questo?»

La madre prese a piangere.

«Ti prego, chiamala, scusati...»

«Non vedo di che cosa dovrei scusarmi. Sono qui neanche da mezz'ora e vuole sapere subito quando parto. Ti pare giusto? Fino a questo momento non ho sentito una sola parola gentile: cosa vi ho fatto? Perché mi trattate così? Sono o non sono tua figlia? Dio mio, ditemi cosa ho fatto? Sono venuta per questo, per sapere finalmente.»

«Io non posso dirti niente... chiedi alle sorelle o non so a chi. Io non sono in condizioni di sopportare scenate come queste. Il mio cuore è assai debole...mi farai morire. Se continui così non arriverò a questa sera.»

«Mi dispiace... ma cosa devo fare? Questa è la mia casa, qui sono nata e cresciuta... Mamma, puoi capirmi? La Celerina è soltanto una serva e si comporta come una padrona... chi, che cosa le ha dato tanti diritti? Io, secondo lei, dovrei andarmene, non so dove, per farle piacere... capisci quest'assurdità?»

La madre, non disposta a continuare quella conversazione, si alzò faticosamente e si avviò per uscire dalla stanza.

«Mamma, non puoi lasciarmi così!» Angelica spostò con un calcio la sedia dietro di sé e si alzò decisa. Non poteva permettere che scappasse ancora una volta, che rifiutasse di parlare con lei.

«Io non posso fare niente per te... sei tornata per uccidermi.»

«No, mamma, non per ucciderti... non si può uccidere chi è già morto da sempre...» Si pentì subito, ma aveva parlato tanto piano che con ogni probabilità la madre non l'aveva sentita. «Almeno puoi dirmi dove posso trovare Elisa, darmi il suo numero di telefono, dirmi dove lo trovo.»

La madre era già uscita dalla stanza e non sentì le sue ultime parole. Angelica, dopo un momento di sorpresa, la seguì nel corridoio.

Ricordò che lì, in uno slargo, c'era sempre stato un tavolino col telefono e l'agenda dei numeri. Lo trovò e lo prese con sé. Tornò nella stanza da pranzo, dove c'era più luce e cominciò a sfogliarlo. Trovò il numero di Elisa e quello delle due sorelle.

«Elisa...? Sono Angelica, sono tornata a casa...»

Dall'altra parte silenzio e il respiro di qualcuno che sembrava doversi riprendere da un colpo.

«Angelica... non è possibile... Angelica...» Non sapeva dire altro.

«Possiamo vederci? Almeno tu, vuoi rivedermi?»

«Ma che dici! Certo che voglio rivederti... mi sembri resuscitata... scusa il termine...»

«Non sei la sola a pensarlo. Qui ho l'impressione che tutti mi abbiano creduto morta... ma come senti, sono viva e sono tornata a casa, nella casa di mio padre...» Voleva aggiungere di mia madre ma si fermò. Non riuscì a pronunciare quelle poche parole.

«Vengo subito, anzi, aspetta... mi devo organizzare... sono veramente impaziente di rivederti... avrai tante cose da raccontare.»

«Credo al contrario, che sarai tu a dovermi raccontare tante cose. Ti aspetto.»

Si ritrovò nel corridoio, sola. La casa era silenziosa, quasi non ci abitasse nessuno. Neanche in cucina si sentiva il minimo rumore della ragazza che rimetteva ordine.

Aprì la porta del salotto e vide che anche lì non era cambiato niente, tutto così come lo aveva conservato nel suo ricordo. Le poltrone, il divano, tutto nello stesso posto, la tappezzeria un po' logora, una pianta di fiori secchi sul tavolino, la cristalliera piena di cose preziose appartenute alla nonna e forse alla bisnonna. Tutta roba che da bambina poteva solo guardare a una certa distanza: non aveva il permesso di avvicinarsi troppo perché si temeva sporcasse i vetri anche col suo solo respiro. Più tardi non aveva più notato quel mobile, tanto era abituata a vederlo.

Si sedette su una poltrona: da quanto tempo non sprofondava così in qualcosa di morbido? Nella sua casetta di montagna aveva soltanto una panca di legno e niente cuscini. Lentamente il suo corpo cedette e si abbandonò nelle braccia di quella vecchia poltrona, l'unico abbraccio ricevuto quel giorno, in quella casa. Sentì una profonda stanchezza e senza rendersene conto si addormentò quasi di colpo, di un sonno leggero, come nella prima infanzia.

III

«Angelica, Angelica, svegliati.»

Qualcuno la scuoteva alla spalla come anni prima, quando la mattina doveva andare a scuola e non riusciva a svegliarsi in tempo. Stava appunto sognando di andare a scuola, nella sua vecchia scuola elementare, e davanti al cancello una bambina la urtava con violenza per passare prima di lei...

«Angelica, dai, svegliati.» Aprì gli occhi faticosamente. Da quanti anni non sentiva il proprio nome pronunciato in quel modo, da quella voce che era tutta la sua infanzia, tutta la vita passata. Una voce familiare più di ogni altra. Dove si trovava? Qualcuno era inginocchiato davanti a lei e un viso, quasi uno specchio del proprio, vicinissimo al suo, due occhi scuri che la scrutavano e un sorriso che allargava le labbra. Elisa!

«Elisa!», sussurrò quasi ancora nel sonno. «Elisa», ripeté incredula. «Sei tu?»

«Certo che sono io, sciocchina, chi vuoi che sia?» E si sentì stringere da due braccia e baciare sulle due guance col trasporto che conosceva, che riaffiorava da tempi dimenticati.

«Sei proprio tu, l'esiliata, la condannata a vita... resuscitata come per miracolo. Pensa che da quando è morta la nonna ho spesso pensato di venirti a trovare, fra le montagne...»

«Elisa, non riesco a crederci.» Angelica tentò di alzarsi. Elisa la lasciò fare, restando ancora inginocchiata davanti alla poltrona. Poi con un salto si sedette sul divano.

«Quando sei arrivata? Perché nessuno mi ha detto niente? Questa casa mi sembra un manicomio... Non so più da quanto tempo non ci vengo... giusto per la morte della nonna, mesi fa. Ma dimmi di te: come stai? Mi sembri in buona salute...»

Adesso tacquero e si guardarono. A lungo. Fu una specie di esame, una ricognizione su ogni linea del viso, su ogni filo bianco, pochi in realtà, su tutti i possibili segni lasciati da un gran numero di anni, che nessuno delle due osava contare. Più di dieci, in ogni caso.

«Non sei cambiata neanche un po'», concluse Angelica dopo aver osservato la sorella. Non era vero che non era cambiata. Era un po' ingrassata, e aveva tutto un modo di fare da donna matura, da madre di famiglia.

«Quanti figli hai? Dalla morte di papà non ho più avuto notizie di nessuno... è stata una gara a chi mi dimenticava di più. Non so perché...»

Elisa continuava a fissarla, il flusso di parole che aveva immaginato durante il breve viaggio da casa a qui, si fermò davanti a questa persona che, con sorpresa, scopriva esserle estranea: chi era questa donna?

«Io ti ho scritto molte lettere, ma tu non hai mai risposto. Ho spesso pensato che non ti sia arrivato mai niente. L'ultima lettera almeno devi averla ricevuta... ti raccontavo della nonna... della sua fine. Possibile che non abbia ricevuto neanche questa lettera?»

«Quando l'hai spedita? Ricordo di aver ricevuto qualche lettera nel corso di tutti questi anni, ma non saprei dirti perché non ho mai risposto...» Seguì di nuovo un lungo silenzio, intanto che si osservavano con apprensione.

«Tu sei sposata... me lo ha detto papà, e hai un bambino... o forse due...»

«Ne ho due e la prima è già grandina.» Altro silenzio. Tastavano il terreno e non sapevano decidere come procedere. Angelica ricordò le varie fasi della loro infanzia, dell'adolescenza; i conflitti dovuti alla diversità di carattere ma anche alla situazione famigliare sempre assai complessa; gli schieramenti in diversi partiti necessari per sopravvivere; le rivalità spesso nate per superare il senso di oppressione, di pesantezza che regnava in quella casa. Una lotta per non restare schiacciata, come lei, dal sistema dispotico della nonna, dall'indifferenza della madre, dalle lotte sotterranee di Celerina. Per non essere soffocata dalla continua depressione del padre.

«Perché è accaduto tutto questo? Lo sai tu...? Perché mi hanno esiliato, perché la nonna mi ha proibito di tornare a casa...? Cosa ho fatto? Lo sai, almeno tu? Io ricordo assai poco. L'ultima sera, tu e le altre eravate via... solo noi, io, la mamma, il papà e Celerina. Sono partita senza un saluto, la nonna è rimasta tutto il tempo nella sua stanza... lo sapevi tu? Come un'appestata... proprio così mi hanno trattato. Solo papà è venuto a trovarmi nella mia solitudine, fra le montagne... e si portava dietro tutta la sua tristezza, la sua infinita desolazione.» Il ricordo dei primi tempi nella sua casetta, abbandonata da tutti, improvvisamente le diede il metro della propria solitudine, della grande disperazione che l'aveva accompagnata giorno e notte per tanto, tanto tempo. Si mise a piangere silenziosa. Le lacrime scesero lungo le guance dalla pelle levigata, ancora giovane.

Elisa di slancio si alzò e l'abbracciò con grande effusione.

«Mia povera sorella... sei stata tu a soffrire più di ogni altra... la tirannia della nonna, la debolezza di nostro padre e di nostra madre, la pazzia di questa famiglia. Io sono sempre stata una grande egoista e soltanto così mi sono salvata, ma Rosangela e Ivana sono ancora alla ricerca di una loro identità, di un'esistenza tutta loro. Tu però, hai pagato per tutte, una volta lo ha detto papà.» Angelica si lasciò cullare nelle braccia della sorella e ascoltava e non ascoltava. Aveva un estremo bisogno di calore, di affetto, di umanità, tutto quanto le era mancato negli anni della grande solitudine, ed Elisa, forse perché diventata assai presto madre, aveva imparato a esprimere questi sentimenti anche solo col contatto fisico. Ma non soltanto questo era il motivo della sua capacità di trasmettere calore: era sempre stata così, fin da bambina, forse l'unica della famiglia che aveva avuto la forza di uscire dai ranghi, dalla rigidità che come un vento freddo aveva contagiato tutti i membri di quella piccola comunità.

Intanto l'avvicinò al divano e si sedettero insieme.

«Adesso smetti di piangere. Vedrai che anche per te la vita ha qualcosa in serbo, che dico qualcosa? Un tesoro! Lo sai che sei una donna ricca? Che noi tutte siamo delle donne ricche? Hai mai saputo che la nonna era ricca sfondata...? E noi quattro abbiamo ereditato tutto!» Angelica smise di piangere.

«Cosa stai dicendo... io ricca! Ma se ho dovuto risparmiare fino all'ultimo centesimo per poter comprare questo vestito e pagare il biglietto del treno!» Elisa si alzò e fece un giro di ballo per la stanza, euforica.

«Siamo ricche, siamo ricche e tu devi vestirti come si deve... dove l'hai trovato questo straccetto che hai addosso? E le calze... orrore! Vieni con me e facciamo spese pazze... vedrai che divertimento.»

Angelica quasi non l'ascoltava. Non riusciva ad immaginare cosa significasse essere ricchi e poi non aveva nessuna voglia di andare a fare spese pazze, come diceva Elisa.

«Elisa, calmati, dimmi cosa significa questa storia... dici che siamo ricche. Ma come, perché...»

«Non hai capito che abbiamo ereditato tutto il patrimonio della nonna? Diviso in quattro parti uguali: mi capisci adesso? Tutti i negozi, i terreni, le case, il denaro liquido in banca: tu non puoi immaginare a quanto ammonti il patrimonio della nonna. Neanche noi lo sapevamo, fino a poco tempo fa. Il notaio mi ha chiesto il tuo indirizzo per invitarti a venire nel suo studio: non l'hai ricevuto?» Angelica ripensò a una strana lettera, con l'intestazione scritta a macchina, che lei non aveva neanche aperto, pensando si trattasse di un invito del Comune, per votare, come già era accaduto una volta. Forse era proprio la lettera del notaio.

No, la storia del denaro, della ricchezza che veniva dalla nonna, non la interessava neanche un poco. Era solo confusa e stanca.

«Ho bisogno di riposarmi, di abituarmi a queste novità. Sono stanca. Il viaggio è stato assai lungo... ho bisogno di star sola, di pensare...» Elisa capì.

«Vuoi abitare qui, in questa casa, con la Celerina e la mamma?»

«E dove dovrei andare? Spero di ritrovare la mia, la nostra stanza così come l'ho lasciata, anni fa...»

«Come ti ha ricevuto la Celerina?» Angelica sembrò svegliarsi.

«Veramente non mi ha affatto ricevuto e... neanche la mamma. Non ho avuto l'impressione di essere un'ospite gradita. La Celerina mi ha subito chiesto quando parto...»

«C'era da aspettarselo. È sempre stata terribilmente gelosa di te. Vuoi abitare veramente qui? Non vuoi venire a casa mia? Vieni subito, prendi la tua valigia e andiamo...»

«Io non ho nessuna valigia... e voglio restare qui, scusami, è casa mia... capisci? Non mi lascio mettere alla porta dalla Celerina. Ti prego di capire. Cos'è questa storia della gelosia? Gelosa di me... dici. Ne sei sicura? E perché?»

Si guardarono ed Elisa vide un'altra Angelica, una donna che doveva essere cresciuta all'ombra di se stessa, nella solitudine più assoluta, con esperienze che avevano inciso profondamente sul suo carattere formandolo, lasciandovi un'impronta duratura. Capì di avere davanti a sé una sconosciuta, ma soprattutto una donna forte e decisa.

«Lascia perdere. La storia della Celerina te la racconto un'altra volta. Adesso facciamo così: se proprio vuoi restare qui... fai pure, ma devi promettermi che se accade qualcosa di sgradevole, se hai bisogno di me, mi telefoni subito e vengo… e per favore, cerca di comprarti qualcosa di più decente da mettere. Togliti soprattutto queste orribili calze di cotone!»

Dopo aver accompagnato la sorella alla porta, – era andata via senza neanche fare un salto nella camera della mamma e tanto meno di Celerina – Angelica prese la sua sacca e si avviò verso la sua stanza. Percorse il corridoio, largo, appena rischiarato dalla porta a vetri del salotto e delle altre stanze di rappresentanza, dove spesso da bambina aveva giocato a rincorrersi insieme alle sorelle, e aprì l'ultima porta, quella che sapeva essere stata per anni la sua e di Elisa.

Mentre lei riposava e poi chiacchierava con la sorella, Celerina aveva chiamato la ragazza e insieme a lei aveva messo ordine nella stanza, rifatto il letto, spolverato, aperto la finestra per cambiare l'aria che di certo stagnava fra quelle mura da chissà quanti anni. Le mise pure alcuni asciugamani sulla poltroncina vicino al letto, come la Signora le aveva insegnato a fare ogni volta che avevano ospiti; Angelica notò quel particolare e capì. „Mi considera un'ospite e vuole che lo sappia subito." Poi aprì il grande armadio che occupava tutta una parete: vuoto. Evidentemente Elisa aveva portato via la sua roba e il resto era stato donato ai poveri, come era abitudine della nonna. Ebbe una fitta al petto. „Erano convinti che io non sarei mai più tornata." Poi cominciò ad aprire i cassetti di un vecchio cassettone nero, rimasto lì dal tempo dei tempi, quando ancora viveva la vecchia governante della nonna. Ricordò come, bambina, avesse tentato di aprire un cassetto, l'ultimo in alto, con l'aiuto di una sedia. Si vide come trascinava faticosamente una sedia per poi salire su, in bilico sui piedini insicuri, e tirare quel terribile cassetto mezzo incagliato per vedere cosa c'era dentro; e aveva trovato dei veri tesori: nastri, merletti, perline colorate, fili di seta per ricamare, un paradiso di meraviglie. E come la

Celerina l'aveva tirata giù coprendola di botte. Più tardi, già adolescente, quel cassetto non l'aveva più interessata; ora lo aprì con la sensazione di fare qualcosa di proibito: lì c'erano ancora i tesori nascosti della sua infanzia. Tutto era rimasto come allora, forse perché dimenticati e inutili. Avvolte in carta velina trovò ancora delle tele mezzo ricamate, merletti forse preziosi, ma in ogni caso antichi e sicuramente della nonna, un Gobelin non finito, fazzoletti disegnati, pronti per essere ricamati e cianfrusaglie varie che non volle toccare. Richiuse il cassetto e rimase ferma lì davanti, profondamente emozionata.

Infine aprì un cassetto di mezzo, vuoto, e vi infilò la sua sacca, così come era, senza svuotarla. Proprio come un'ospite che conta di restare soltanto qualche giorno, non uno più del necessario.

Andò a sedersi sulla poltroncina della sua scrivania. Quante ore aveva trascorso qui, quanti pomeriggi china sui libri, annoiata, sonnolenta, e dall'altra parte Elisa, che invece di studiare si divertiva a tagliuzzare con un temperino la superficie della scrivania, il bracciolo della poltroncina o, in mancanza di meglio, a mordicchiare la penna, la matita e tutto quello che le veniva sotto le mani. Elisa non aveva paura della nonna, faceva sempre quello che voleva e godeva di ogni trasgressione. A lei piaceva trasgredire per principio, una continua provocazione, che considerava il sale nella minestra della sua vita, altrimenti monotona. Come la invidiava! Tremava per lei, perché poi arrivavano anche le punizioni. Ma non sempre: Elisa sapeva schivarle anche mentendo con un'innocenza tale da farle dubitare della verità stessa. L'ammirava e nello stesso tempo la temeva. Non poche volte per scagionarsi aveva accusato lei di colpe mai commesse e tutti credevano sempre alle storie che Elisa sapeva raccontare, mentre lei, la maggiore, non riusciva neanche a trarsi dai guai attribuitigli dalla sorella.

„Sei una sciocca e nessuno ti crede… perciò è meglio che non apri bocca." Quante volte aveva sentito quella frase?

Elisa sapeva difendersi.

Ora ripensò a ciò che le aveva detto quel pomeriggio: la nonna era ricchissima e loro quattro erano le sole eredi.

E Celerina era gelosa di lei.

Che c'entrava Celerina?

Venne sera. Ricordò che di solito a quell'ora in quella casa si recitava il rosario. Aspettò di essere chiamata. Niente. La casa era silenziosa come una tomba. Non una porta che si aprisse, non un passo lungo il corridoio.

Pensò di andare a vedere la stanza della nonna, quasi un atto riverenziale verso la vecchia padrona di casa, colei che le aveva reso la vita peggio di un inferno. Fosse vissuta ancora avrebbe dovuto in ogni caso salutarla; pensò a come sarebbe stato difficile quell'incontro, alle parole che le avrebbe detto, all'espressione dei suoi occhi, al tono di quella voce che l'aveva perseguitata per anni, anche nella solitudine delle montagne. Una volta aveva persino pensato che quella fosse la voce della sua coscienza, di una coscienza assai severa e intransigente. Ora trovò che era un bene essere arrivata quando la nonna non c'era più, e quel pensiero non le procurò nessun senso di colpa, nessun turbamento. Quanti anni aveva la nonna? Forse novanta, ne era certa. Giusto che morisse. Anche questo, un pensiero che la lasciò fredda fredda.

Uscì sul corridoio e si diresse verso la stanza della nonna, aprì la porta, accese la luce ed entrò. Guardò il letto perfettamente rifatto, quasi in attesa della sua padrona; le tendine di lino ricamate in bianco alle finestre, i tappeti, i pochi mobili; la poltrona e il tavolino, dove ogni sera la nonna faceva un solitario prima di inginocchiarsi, in camicia da notte, all'inginocchiatoio accanto al letto, la tappezzeria ormai logora dall'uso. Tutto come prima, come nel suo ricordo. Si avvicinò all'armadio, scuro, immenso, dalle ampie ante, dove da bambina aveva pensato fosse possibile abitare, addirittura viverci dentro, nascosta al mondo intero. L'aprì. L'armadio era ancora pieno degli abiti della nonna, delle pellicce, dei mantelli. Tutto era lì ed emanava un forte odore di naftalina. In quel momento sentì i passi di qualcuno dietro di sé e per un momento ebbe l'impressione che la nonna l'avesse sorpresa mentre curiosava nella sua stanza. Ebbe un tuffo al cuore e si girò: era la Celerina.

«Cosa fai qui? Che cerchi?» La voce dura, di comando. Angelica si riprese subito.

«Non credo di dover dar conto a te di cosa cerco in questa stanza... e ti prego di non usare più questo tono con me.» Celerina, chiaramente irritata ma anche sorpresa, strinse le labbra in una smorfia a lei assai abituale e senza rispondere uscì dalla stanza richiudendo la porta dietro di sé con una certa energia. Ma non la sbatté per rispetto verso la Signora, che secondo lei era ancora lì. Almeno la sua anima. Angelica respirò profondamente e andò a sedersi nella poltrona della nonna, cosa che in altri tempi non avrebbe mai osato fare.

Dopo qualche minuto si sentì respingere da una forza sconosciuta. Si alzò, guardandosi intorno: che ci fosse effettivamente ancora l'anima della nonna in quella stanza?

L'aria odorava di naftalina e di qualcosa d'altro che sul momento non riuscì a definire, forse medicine, disinfettanti. Senza pensarci due volte aprì le due finestre che davano sul giardino dietro la palazzina, le spalancò del tutto, aprendo anche le persiane abbassate e si affacciò per respirare un po' d'aria pura. Per la seconda volta, quel giorno, ne sentì la diversità e rimpianse le montagne, così innocenti, dignitose nella loro immobilità e il cielo pulito, terso, a quest'ora già pieno di stelle.

Da quelle finestre non si era mai affacciata. Era una parte della casa proibita a lei e alle sorelle, e se passavano davanti a quella porta dovevano abbassare la voce e per carità non correre, non fare rumore, possibilmente non fiatare. Pur essendo vuota, la stanza non dava affatto l'impressione di essere disabitata, come la sua, forse perché tutti gli oggetti della nonna erano rimasti al posto di prima e la persona che ci aveva vissuto per tutta una lunghissima vita, vi aveva lasciato un'impronta fortissima. Tutto sembrava essere in attesa della proprietaria: proprio vero, l'anima della nonna non aveva ancora abbandonato quel luogo, se ne sentiva la presenza. Un sentimento sgradevole, almeno per Angelica.

«Perché sei venuta in questa stanza e...perché sei tornata?» Era la mamma che silenziosa aveva aperto la porta e aveva fatto qualche passo fino in mezzo alla stanza. Di certo la Celerina le aveva raccontato dell'incontro-scontro di pochi minuti prima e magari le aveva imposto di parlare con la figlia.

Angelica si girò e la guardò stupita.

«Non hai altro da dirmi, dopo tanti anni? Non sembri affatto contenta di vedermi, anzi, tutto il contrario...» La madre fece qualche passo e andò a sedersi nella poltrona della nonna. Aveva l'affanno e parlava a fatica.

«Ti ho già detto che sono molto malata e che tutta questa faccenda mi affatica... potresti avere qualche riguardo.»

«Mamma, tu mi chiedi di avere riguardi per te e dimentichi di salutarmi, di abbracciarmi, di riconoscermi: sono tua figlia, lo hai dimenticato? Mi chiedo se sto sognando.»

«Ho sentito che è venuta Elisa, che è venuta a fare, qui? Cosa ti ha raccontato? E non mi ha neanche salutata.»

«Niente, non mi ha raccontato niente, mi ha soltanto abbracciato come una sorella e mi ha chiesto di andare ad abitare da lei. Ma io voglio restare qui, nella casa di mio padre.» In quel momento entrò la Celerina.

«Venite, la cena è pronta.» La mamma si alzò e lentamente, al braccio di Celerina, si avviò verso la stanza da pranzo. La ragazza della mattina era già andata via, lavorava lì soltanto mezza giornata. La Celerina aveva preparato una minestrina in brodo, un'insalata verde più formaggi e salumi. Un cesto di frutta completava la cena. Tutto era già a tavola, così che non dovette alzarsi neanche una volta. Angelica si accorse di avere fame, cominciò a mangiare e ancora una volta notò che non si pregava come prima.

«Da quando non si prega più qui?» Chiese con calma, come di cosa di poca importanza. La madre alzò gli occhi dal piatto, già preoccupata. La Celerina si risentì.

«Noi qui preghiamo sempre, per tua informazione. Lo facciamo nel chiuso del nostro cuore. Dio ci ascolta e ci vede anche se non lo preghiamo ad alta voce.» Si versò un bicchiere di Lambrusco e lo bevve tutto d'un fiato. La mamma bevve anche lei, ma soltanto acqua.

«Io credo che sulle montagne tu abbia perso anche la parola di Dio», continuò Celerina.

«Ti sbagli. Proprio sulle montagne la presenza di Dio è molto più vicina che in mezzo alla gente, qui in pianura. Io ne ho fatto l'esperienza più di una volta e posso assicurarti che è più diretta e non ha bisogno di intermediari.»

«Meglio così.» Fu la sola risposta. La madre non ascoltava o forse evitava soltanto di ascoltare. Ad ogni modo era molto concentrata col mangiare, già affaticata da questa piccola occupazione. La cena finì nel più completo silenzio. Per Angelica niente di nuovo, forse meno per le due donne.

Dopo la frutta, Celerina sparecchiò, riportò i piatti e i resti in cucina, intanto che Angelica restava seduta e si faceva servire, come in altri tempi. Ma nel suo stare seduta c'era una ferma intenzione: dimostrare alla Celerina chi era padrona e chi serva. In questo riuscì in pieno, perché ad un certo punto la donna chiamò dalla cucina.

«Angelica, porta il cesto della frutta.» Ed era un ordine assai perentorio. Angelica capì e restò seduta un bel po', poi, lentamente prese il cesto della frutta e lo portò in cucina: la madre aveva fatto finta di ignorare anche quel piccolo episodio, occupata con se stessa e le tante medicine che doveva prendere. Poi si alzò anche lei e andò nel salottino separato dalla stanza da pranzo da una grande porta a vetri, dove solitamente si riuniva la famiglia, dopo cena, per giocare a carte, leggere, discutere i fatti del giorno, ascoltare la radio. Adesso c'era una grande novità: un televisore, comprato da pochi anni dalla nonna, forse stanca di ripetere ogni sera sempre lo stesso solitario. La madre, prima di sedersi, accese il televisore e aspettò che venisse Celerina per finire insieme a lei la serata.

Angelica andò nella propria camera, stanca e bisognosa di solitudine.

Una giornata tanto diversa dalle solite, piena di incontri e soprattutto di tante parole, tutte parole dimenticate. Fu presa da una grande nostalgia per il silenzio delle montagne, la solitudine, la profonda pace.

Durante quel giorno si era chiesta più volte cosa fosse venuta a cercare qui, perché aveva lasciato quel luogo dove non c'era nessuno che le chiedesse cosa voleva, cosa intendeva fare, in una parola, dove nessuno si sentiva disturbato dalla sua presenza, come invece aveva percepito qui, nella propria casa. Certo non aveva pensato alle conseguenze di quel viaggio e tanto meno alla reazione della famiglia. Una leggerezza che stava pagando cara.

La prima impressione, entrando di nuovo nella sua cameretta, fu di non sentirsi a casa. Quel letto, dove aveva dormito tanti anni della sua vita, non era più il suo letto. E non perché fosse stato sostituito da un altro letto. Era sempre lo stesso, lo aveva subito riconosciuto. Solo lei non era più la stessa.

Si sedette nella poltroncina. Anche quella poltroncina le era estranea, e guardandosi intorno vide una stanza che in realtà non riconosceva come propria. Era squallida, proprio come una stanza d'albergo, o meglio come la stanza dei suoi sogni. Pensò a lungo da cosa nascesse quel senso di squallore, di vuoto. Forse dipendeva dal fatto che per molto tempo non era più stata abitata da nessuno, cioè vi mancava l'anima, la sua anima e quella di Elisa. Anche l'armadio era vuoto, il cassettone dimenticato, la scrivania dove nessuno si chinava per scrivere. Non aveva aperto i cassetti della scrivania. Cosa poteva esserci dentro? Subito sentì una forte avversione per quella scrivania. Non voleva confrontarsi con i ricordi che si nascondevano in quei cassetti, fossili di un passato che non le apparteneva più. Per oggi ne aveva abbastanza.

Si spogliò e si mise a letto. Come era diverso dal suo pagliericcio, su in montagna, al quale dopo un lungo tempo si era abituata. Questo letto era troppo morbido. Il materasso nel quale le sembrava di affondare le provocò un primo senso di panico. Il cuscino di lana era troppo duro. E le lenzuola di lino, odorose di lavanda, ben stirate, erano scivolose: tutte sensazioni dimenticate. Il suo letto nella casetta sulle montagne era duro, e non aveva lenzuola. La contadina le aveva dato una specie di sacco di cotone a quadretti bianchi e rossi ripieno di piume, e per questo caldissimo, quello che lì veniva chiamato Tuchent. E un largo cuscino, quadrato, estremamente morbido. Anche a questo aveva dovuto abituarsi. Ora ebbe l'impressione di tornare a un'infanzia dimenticata, circondata da false comodità che non avevano la funzione di riscaldare, accogliere. E si sentì catapultata in un passato pieno di ferite, di ambiguità, di situazioni non chiarite.

Si rigirò varie volte nel suo nuovo-vecchio letto e dopo un po' capì che, nonostante la stanchezza, non avrebbe potuto prendere sonno. Si alzò e cercò nella sacca le sue pillole; da tanto tempo non ne aveva avuto più bisogno, ma per fortuna all'ultimo momento aveva pensato di portarle con sé. Ne prese una, almeno avrebbe potuto dormire.

Anche questo era nuovo: cercare un bicchiere nella credenza della cucina col timore di incontrare la Celerina, di scontrarsi di nuovo con lei; aprire il rubinetto dell'acqua al quale non era più abituata – nella sua casetta non aveva un rubinetto e l'acqua doveva prenderla alla fonte vicino alla casa della contadina e far piano per non richiamare l'attenzione delle due donne che abitavano nella stessa casa. Quanto meglio la solitudine nella quale era vissuta fino a quel momento, il silenzio e il buio della notte, in cui più di una volta aveva avuto l'impressione di sprofondare. E la certezza di essere veramente sola, di non dover rendere conto a nessuno di ogni gesto, di ogni azione, come in questa casa.

Si rimise a letto inquieta, scacciando tutti i pensieri e le emozioni che venivano su con l'intenzione di annientarla, in attesa solo che il sonnifero facesse il suo effetto e la liberasse da quella realtà così alienante.

IV

Si svegliò che era ancora buio. Quanti sogni, quella notte e quanti incubi!

Guardò l'orologio. Era troppo presto per alzarsi. Su, in montagna, si sarebbe crogiolata un po' nel letto aspettando che le prime luci rischiarassero la sua cameretta. Poi si sarebbe alzata e avrebbe guardato fuori, dalla finestrella, per ritrovare quel mondo che le ore della notte le avevano rubato.

Si alzò e aprì le persiane per vedere se il cielo cominciava a schiarire. Sapeva di non poter vedere le montagne né il buio che solo lì aveva conosciuto. Fuori, la cittadina sembrava ancora dormire. Poche le luci dei lampioni, misteriosamente avvolte da un alone di nebbia. Nessuno sulla strada che del resto si intravedeva appena. Da quando era partita gli alberi avevano costruito quasi un muro di verde fra la casa e la strada. Si rimise a letto e cercò di riaddormentarsi. Cosa avrebbe fatto quel giorno? Con chi avrebbe parlato? Ci sarebbe stato un nuovo scontro con Celerina? Tornò quella frase: Celerina è sempre stata gelosa di te. Perché? Come si poteva essere gelosa di chi non aveva niente? Bisognava chiedere a Elisa, lei sembrava sapere molte più cose di quanto avesse mai supposto.

Elisa non aveva alcun rapporto con la mamma, perché? Cosa era accaduto? Celerina era riuscita ad allontanare tutti da quella casa. Perché nessuno aveva pensato di mandarla in un ospizio per vecchi? In fondo aveva sicuramente una pensione, piccola ma sufficiente per vivere da sola.

E la mamma? Sembrava essere succube; come era scivolata in quella posizione di estrema dipendenza? Tutte domande cui soltanto Elisa avrebbe potuto dare una risposta.

Elisa.

Anche lei un capitolo a parte. E le altre due, Rosangela e Ivana. Avrebbe dovuto cercarle.

Quanti pensieri, quante domande.

Ripensò a ciò che aveva detto il giorno prima la sorella: „siamo ricche", mentre lei possedeva pochi spiccioli che forse le avrebbero permesso di fare un biglietto per andare a Mantova. A chi chiedere soldi? Non certo alla Celerina.

Decise di telefonare ancora una volta a Elisa e spiegarle la sua situazione.

Intanto vide i contorni della finestra, pallidi e sbiaditi. Era già qualcosa. Di dormire, capì, non era più il caso. Si alzò, prese l'asciugamani che era rimasto appoggiato sullo schienale della poltrona e si avviò verso la stanza da bagno. Anche questa un'abitudine cui nella sua casetta aveva dovuto rinunciare. Per i suoi bisogni doveva uscire fuori, in qualsiasi stagione; il cesso si trovava in una specie di casotto, attaccato alla casa, senza acqua corrente, un cosiddetto Plumpsklo di legno con un coperchio, come le aveva insegnato la contadina. A quelle altitudini non c'era una vera e propria fognatura e neanche acqua corrente; lì accanto c'era sempre un secchio pieno d'acqua ed era tutto.

La stanza da bagno era rimasta come prima: grande, forse un po' antiquata, ma ancora elegante e funzionale. C'era una vasca e anche una doccia con una porta a vetri. Vi entrò e godette, dopo un numero assai lungo di anni, dell'acqua calda che come per magia usciva dai buchi della doccia. Un lusso dimenticato e un piacere tutto nuovo da scoprire.

Mentre si asciugava si vide, tutta nuda, al grande specchio che occupava quasi mezza parete, dalla vita all'insù. La nonna lo aveva voluto perché le bambine non avevano specchi nelle loro stanze. Se poi volevano vedere tutta la figura bisognava che andassero nella stanza dei genitori. Tutte regole rigidissime, che secondo lei avrebbero educato le bambine alla modestia, a rifuggire ogni vanità, mentre al contrario avevano provocato, almeno nelle sorelle più giovani, una forte reazione e un desiderio eccessivo di bellezza e di eleganza. Il tutto finché erano rimaste nella casa paterna.

Angelica non aveva mai partecipato a queste proteste. Si guardò e per la prima volta vide i suoi seni nudi, il suo corpo dalla vita in su e ripensò alle tante scaramucce con le sorelle, che sempre l'avevano accusata di aver un gran seno. Ora ebbe tutt'altra impressione, ma non volle fare altre considerazioni. Si vestì in fretta, anche per togliersi dagli occhi l'immagine di se stessa.

Si diresse verso la cucina. Già dal corridoio sentì la voce di Celerina e della ragazza mentre discutevano animatamente fra di loro. Appena entrò fu subito apostrofata da Celerina, con autorità.

«La colazione puoi prenderla nella stanza da pranzo.»

«Perché? Posso prenderla anche in cucina.» Angelica ricordò come le poche volte in cui avevano avuto ospiti, la nonna avesse fatto servire la colazione nella stanza da pranzo. Celerina insisteva su questo punto, ed era chiaro il motivo.

La ragazza la guardò timidamente.

«Buon giorno, signorina Angelica.» Finalmente un saluto. Angelica sorrise.

«Buon giorno. Come si chiama?»

«Signorina, non mi dia del lei... mi chiamo Donata.»

«Oh che bel nome! Un bellissimo nome davvero. Vorrei una tazza di latte con poco caffè, per favore, e una fetta di pane e burro.»

Una fetta di pane e burro. La Celerina aggrottò le sopracciglia: da quando in qua si fa colazione con pane e burro? In quella casa, da sempre, a colazione si mangiava una brioche e un caffè. Nero.

Angelica restò in cucina e sentì che si stava annuvolando il cielo. La Celerina era più grintosa del solito, chiaramente di cattivissimo umore.

Ormai oltre la settantina, pochi capelli bianchi, e nonostante l'età, alta e diritta, magrissima, sembrava l'immagine stessa di una flagellante di altri tempi, ascetica, risucchiata da ogni residuo vitale; lei non aveva ancora fatto pace col mondo, con la vita, con se stessa. Indossava un vecchio vestito della Signora, scuro, lungo e troppo largo per lei. Angelica lo riconobbe perché assolutamente fuori moda, senza contare il collo rifinito da un sottile pizzo finissimo, una sorta di divisa della nonna.

Scostò una sedia e si sedette al tavolo della cucina.

«La mamma ha già fatto colazione?» chiese calma.

«La signora prende il caffellatte sempre a letto», rispose Donata. Celerina intanto uscì e tornò dopo qualche minuto con una lettera in mano. La mise sul tavolo.

«Questa è arrivata per te.» Angelica la prese e riconobbe la stessa busta che qualche tempo prima aveva ricevuto nella sua casa di montagna. Non l'aprì subito, benché Celerina stesse lì in attesa.

«Grazie, la leggerò più tardi.»

«Signorina, non abbiamo pane da tagliare a fette e non c'è burro in casa... che le dó? Ci sono delle brioche che ho portato fresche dal fornaio, questa mattina... ma se vuole, posso andare a comprare il pane e il burro come vuole lei.» Angelica ci pensò un momento. Una brioche andava anche bene. La pregò però di comprare anche del pane e del burro per il giorno dopo.

Sola nella sua stanza aprì la busta. Si trattava di una lettera ufficiale del notaio di famiglia che la informava della morte della nonna e della prossima apertura del testamento, alla quale era invitata a partecipare. Indicava una data e aggiungeva che se per caso di forza maggiore non potesse essere presente, avrebbe potuto leggere più tardi l'atto depositato presso la cancelleria del tribunale di Mantova. Notò che la lettera era vecchia di due mesi. Ora ricordò che gli ultimi vaglia postali erano diversi dai soliti e soprattutto mancava la frase della nonna: per il tuo sostentamento. Rifletté un momento e poi decise di telefonare al notaio. La segretaria la informò che il notaio era fuori sede e che sarebbe rientrato nella tarda mattinata. Che riprovasse più tardi.

Telefonò a Elisa.

«Meno male che mi telefoni... ieri sono andata via col sospetto che non ti saresti fatta più sentire... vuoi venire da me? Ieri sera ho telefonato a Rosangela... non puoi immaginare la sorpresa e la gioia. Vogliono vederti il più presto possibile... oggi pomeriggio vengono qui da me.»

Angelica si sentì colta di sorpresa, ma decise su due piedi di andare da lei, anche perché non sapeva cosa avrebbe potuto fare in casa.

Prima di uscire bussò alla porta della stanza della mamma. Da quanti anni non entrava in quella stanza, e quella porta, quanti ricordi la legavano a quella porta. Nessuno rispose. In quel momento passò Donata con l'aspirapolvere in mano.

«Se cerca la signora, deve andare in quella stanza.» E indicò una porta dove mai avrebbe bussato. Era infatti una stanza di disbrigo, dove in altri tempi venivano fatti diversi lavori domestici, stirare, cucire, e dove si riunivano le donne di servizio nelle pause fra un'occupazione e l'altra. Quando ancora era molto piccola, veniva spesso in questa stanza. Le piaceva guardare le donne che facevano qualche lavoretto, ma soprattutto ascoltare i loro discorsi. E ne sentiva tanti, soprattutto perché tutti erano convinti che lei non capisse niente. Da quelle donne aveva imparato a vedere la nonna, la Celerina, la mamma e di rado anche il papà con altri occhi; i commenti a volte assai duri, rispecchiavano una realtà che ancora sfuggiva ai suoi occhi infantili. Le loro espressioni spesso rozze la ferivano, senza contare le storie sulle quali si soffermavano con evidente piacere, sempre piene di allusioni di carattere sessuale che nonostante la sua completa ignoranza riusciva a cogliere. Le sue sorelle al contrario ci ridevano su, mentre lei, più tardi, cominciò anzi a detestare quelle chiacchiere.

La madre, dalla morte del marito, non aveva più voluto dormire nella stanza matrimoniale e si era accontentata di mettere un lettino in quella stanza, ormai inutile, dato che la famiglia si era ridotta a due sole persone e il personale di servizio era stato del tutto eliminato, tranne la ragazza a mezzo servizio. Gli elettrodomestici avevano sostituito in più famiglie il lavoro manuale di tante donne; la lavatrice, la lavastoviglie, e tutto il resto avevano semplificato di molto il lavoro domestico.

«Buon giorno, mamma. Non sapevo che adesso dormi qui.»

«La stanza da letto è troppo grande per me e poi... da quando tuo padre ha fatto la morte che ha fatto, lì dentro non ci voglio più entrare.» La madre era seduta su una poltrona e chiaramente la stava aspettando.

«Volevo soltanto dirti che vado da Elisa, ma torno questa sera. Lascio la mia roba qui.» Era molto imbarazzata e non sapeva cosa dire. La novità della madre che dormiva in quella stanza la disturbava. Anche questo un cambiamento inspiegabile.

«Perché dici dopo la morte di papà. Io non ne so niente.» Si guardò intorno e vide una vecchia sedia che ricordò esser stata sempre lì. L'accostò alla poltrona della madre e si sedette.

«Tuo padre ha fatto una brutta fine. Non posso pensarci. Ancora adesso mi vengono gli incubi. Si è tagliato la gola, la carotide, credo si chiami così. Si è dissanguato. Io stavo dormendo. Mi sono svegliata per andare in bagno e l'ho trovato in corridoio, in un lago di sangue. Già morto. Una notte terribile. La nonna ha voluto che io dichiarassi che si era trattato di un incidente. Non so ancora come io sia riuscita a raccontare tante bugie alla polizia. Una storia terribile, terribile.»

Angelica ascoltava allibita: era dunque questa la libera morte della quale aveva scritto Elisa. Un incidente. La nonna aveva imbastito chissà quale storia per permettere al figlio di avere un funerale in chiesa ed essere inumato nella cappella di famiglia. Come suicida avrebbe avuto non poche difficoltà. Ma anche la vergogna di avere un figlio capace di un tale gesto era per lei inaccettabile. Come giustificare quella morte agli amici, ai dipendenti dei suoi negozi, ai clienti, infine alla città intera?

Decise di andare a fargli visita, al cimitero. Di certo giaceva ora accanto alla madre.

Non riuscì a dire una sola parola. Si alzò.

«Allora vado. Torno all'ora di cena.» La gola stretta, a fatica pronunciò quelle poche parole. Invece di uscire subito andò nella propria stanza e si sedette alla piccola scrivania.

Una morte crudele, senza possibilità di salvezza. Un gesto definitivo di chi vuole mettere fine alla propria vita.

Era annientata. Non riusciva a formulare un solo pensiero, fu come se avesse appreso della morte del padre proprio in quel momento. E le sembrò di vederlo, disteso per terra, coperto di sangue.

Ma perché proprio nel corridoio? E dove, allora, in cucina, in bagno, forse in salotto... o nella stanza di Celerina?

Fin dal primo momento la madre doveva aver avuto almeno un sospetto della sua relazione con la Celerina. Cosa si erano detti a questo proposito? E in generale, padre e madre parlavano fra di loro? La madre aveva accettato quella situazione supinamente, senza una protesta. Come le era stato possibile vivere per tutti quegli anni in quella casa, insieme a Celerina?

Ebbe l'impulso di andare da lei: perché hai sopportato tutto questo? Perché una donna si sottomette fino a questo punto?

Angelica ora cercava di capire il comportamento della madre ma anche quello del padre. Come era potuto accadere tutto questo? Perché gli esseri umani si lasciano condizionare fino a vivere una vita non loro? Pensò. Perché accettano fin dalla nascita di recitare un ruolo che viene loro attribuito dalla famiglia, dalla società, dalla civiltà stessa costruita dagli uomini? Pensò che anche lei aveva vissuto così, cercando di rispettare i dettami della propria famiglia già dalla nascita, finché era scattata una molla e tutto era andato a catafascio, cioè si era rifugiata nel caos, nel disordine più assoluto. E allora era stata allontanata dalla società, come un'appestata.

In linea di massima, pensò, da queste restrizioni ha origine quella che si chiama depressione, che a sua volta può sfociare nell'alienazione: bisogna rispettare l'ordine stabilito dalla società nella quale si vive, accettare le sue regole. La madre si era rifugiata nella malattia e il padre nella morte. Lei, nella follia.

Possibile che la nonna fosse la sola responsabile di tutta quella tragedia? E le sorelle? Elisa, Rosangela, Ivana. Come si erano salvate, loro?

Qualcuno bussò alla porta e dopo un secondo entrò Celerina.

Angelica si stupì che la donna avesse bussato. In altri tempi non lo avrebbe fatto.

«Ho sentito che hai intenzione di andare da Elisa.» Non fece un passo, richiuse soltanto la porta dietro di sé, quasi in attesa che Angelica la invitasse a procedere.

«Te lo ha detto la mamma o lo hai sentito da dietro la porta?» Adesso Celerina si avvicinò a una sedia e si sedette. Capì che avrebbe avuto bisogno di tempo.

«Sei tornata per fare guerra? Non credi di aver già fatto abbastanza per questa famiglia?»

«Tu continui ad avere un gran risentimento contro di me. Potrei sapere finalmente per quale motivo? Fin da bambina mi hai maltrattato, mi hai picchiato, hai fatto la spia, spesso inventandoti storie con la nonna perché mi punisse, con papà che contrariamente alle tue aspettative non lo fece mai. Che ti ho fatto? Ancora adesso preferiresti che io fossi rimasta lì, in esilio, lontana da tutti. Perché, perché tutto questo?» Di colpo sentì una gran voglia di piangere, ma si trattenne. Sarebbe stato un atto di debolezza e la Celerina ne avrebbe approfittato. La conosceva fin troppo bene.

«Non ricordo di averti trattato male, da bambina, sono tue fantasie, e non ho mai fatto la spia. Lo so che lo hai sempre pensato, ma era una tua fissazione... come poi i fatti hanno dimostrato.»

«Celerina, non puoi mai uscire dalla tua pelle? Perché continui a mentire? Perché non vuoi riconoscere la realtà così come è? So della tua relazione con mio padre, qui lo sanno tutti e credo anche la nonna lo sapesse. Una storia che ha distrutto questa famiglia. Ne sei almeno cosciente?»

«Tu non c'entri nella mia vita e in quella di tuo padre. Ti proibisco di parlare in questo modo. Io distruggere questa famiglia... bisognava che ce ne fosse una prima, per poterla distruggere!» Quasi mormorò fra sé e sé. Ma era disorientata. Nessuno della famiglia aveva mai parlato così apertamente di un fatto che in fondo riguardava tutti. Sul momento non seppe come reagire. Poi cambiò idea, la voce tagliente:

«Tuo padre si è tolto la vita per colpa tua. Lo sapevi? Sei stata tu a distruggere questa famiglia con la tua pazzia e con quella storia che...»

«Quale storia? Di che storia stai parlando?» Angelica si sentì raggelare. Si alzò di scatto e restò in attesa: ora sarebbe arrivata la grande rivelazione, il motivo per il quale aveva intrapreso quel viaggio. Celerina aggrottò le sopracciglia e il suo viso se possibile si imbruttì o meglio si incattivì più del solito.

«Qui non so più chi gioca a mosca cieca. O non farai lo gnorri? Vuoi prendermi per il culo?»

Angelica fu presa dal terrore. Un particolare terrore che conosceva fin troppo bene, che sperava di aver abbandonato per sempre, impigliato fra gli alberi dei boschi, gridando, correndo, senza badare ai rami che le graffiavano il viso, le mani, i vestiti. Un terrore che l'aveva posseduta per anni, senza scampo; che arrivava senza preavviso, di giorno e di notte, pronto ad annientarla, a sprofondarla in un abisso senza fondo. Lei inerme, sola contro una nemica pericolosa. Un'altra se stessa che abitava dentro di lei; una sconosciuta sempre in agguato, inesorabile, inafferrabile.

In quel momento sentì qualcuno bussare alla porta e una voce:

«Signorina Angelica, signorina Angelica, al telefono.» Era Donata. Angelica respirò sollevata e corse alla porta.

Elisa le chiedeva quando pensava di venire, se preferiva che lei stessa venisse a prenderla. Certo, che venisse lei, le avrebbe fatto un gran favore.

La Celerina nel frattempo era uscita dalla stanza. Con decisione si era avviata verso la cucina, per niente disposta a continuare quella commedia. Furibonda.

V

No. Non doveva essere la Celerina a raccontarle 'quella storia'.

Poi ripensò alla prima frase „per colpa tua tuo padre..." anche di questo veniva accusata! Suo padre si era tolto la vita per colpa sua.

La Celerina ogni volta che apriva bocca riusciva sempre a vomitare veleno. Angelica ricordò le tante volte in cui stupita le aveva sentito raccontare le storie più raccapriccianti, frutto della sua fantasia, inventate lì per lì per impressionare i suoi ascoltatori: ma questa della morte del padre superava ogni immaginazione.

Corse dalla madre. Spalancò la porta con violenza e ancora da fuori le gridò:

«È vero che papà si è tolto la vita per colpa mia?» La madre sbarrò gli occhi terrorizzata. Tentò di alzarsi dalla poltrona appoggiandosi con le due mani ai braccioli.

«Vuoi la mia morte? Vuoi uccidere anche me... sei venuta per questo?» E si mise a gridare: «Celerina, Celerina, Donata.» Non passò un minuto che le due donne erano nella stanza della madre. Questa da parte sua continuava a sbraitare in un vero attacco isterico. «Vuole la mia morte. È venuta per uccidermi.» Angelica uscì subito, sconcertata.

Cosa stava accadendo in quella casa? Erano impazziti tutti?

Ora si chiese per l'ennesima volta se avesse fatto bene a tornare. Se era questo che l'aspettava, tanto meglio sarebbe stato restare nella solitudine delle sue montagne.

E lei che aveva desiderato rivedere la sua casa, la sua gente.

Ma lo aveva veramente desiderato? Cosa l'aveva spinta a tornare? Certo, voleva sapere, capire soprattutto l'origine del suo malessere.

Ora vedeva che la sua infanzia, la casa, la vita passata, non erano altro che il prodotto di una società in cui tutti, senza alcuna distinzione, venivano costretti in un corsetto; un corsetto imposto da leggi che si erano dati loro stessi per convivere, chiudendosi in una sorta di alienazione collettiva. Queste leggi non scritte condizionavano le loro azioni, i loro sentimenti, soffocando fin dall'inizio ogni sano istinto vitale. Questo piccolo gruppo di persone, questa piccola comunità circoscritta nelle mura di quella grande casa aveva deciso di lei fin dalla nascita; il suo presente e il suo futuro: tutto dipendeva da loro. Capì che i pensieri e i sogni; la sua storia e la sua vita passata affondavano le loro radici in un mondo che le era stato proposto o meglio imposto. In ogni caso non scelto da lei.

Di suo c'era assai poco. In realtà non sapeva cosa ci fosse di veramente suo, in lei.

Forse negli ultimi anni era riuscita a liberarsi da quel vestitino che le era stato imposto fin dalla nascita, diventato stretto per una persona adulta, e aveva imparato a vedere il mondo in modo diverso, dimenticando le tante parole sentite e consumate dal troppo uso. Nella solitudine delle montagne aveva quasi smesso di parlare, aveva però pensato tanto e discusso con Dio. Ma per quei pensieri non erano necessarie parole di uso comune: erano solo sensazioni che nessuna parola avrebbe potuto esprimere. Aveva dovuto costruirsi un nuovo lessico e soprattutto una nuova immagine di se stessa. Assolutamente nuova, senza passato, senza ricordi.

La sua gente, cioè la mamma, la nonna, le sorelle: chi si salvava, di loro? La mamma, che ora aveva trovato rifugio nella malattia, era di certo l'immagine femminile più significativa che le era stata proposta fin dall'infanzia, colei che avrebbe dovuto rappresentare la figura nella quale identificarsi, specchiarsi come donna. E le sorelle? In chi si erano identificate? Ricordò che Elisa aveva appena accennato alle due sorelle minori, ancora alla ricerca di un'identità nella quale potersi riconoscere.

Scene della propria infanzia tornarono. La mamma che sorrideva assai di rado, che lasciava le sue bambine in mano alla Celerina, alla nonna, alle domestiche: come aveva vissuto sua madre in quella casa, quale ruolo aveva ricoperto nella vita di suo padre e nella vita in generale? Aveva mai pensato a sé stessa come a un individuo a sé stante, indipendentemente dal marito, dalla suocera, dai figli? Aveva mai gettato uno sguardo nello specchio per cercare se stessa? Avevo aperto gli occhi, almeno una volta, per scoprirsi finalmente? Si era svegliata alla vita? Era stata scelta dalla nonna soltanto perché modesta, priva di ambizioni, sottomessa, capace di mettere al mondo dei figli. Aveva vissuto la stessa vita di tutte le donne sue coetanee, col solo vantaggio di essere entrata, attraverso il matrimonio, in una classe sociale più elevata di quella d'origine e il prezzo che ne aveva pagato non era stato più alto delle altre donne, tutte ugualmente sottomesse, modeste, prive di ambizioni. Perché le donne accettano questa sorta di vita? si chiese sconvolta.

Capì che non poteva restare in quella casa. Tremò al pensiero di venir risucchiata nel vecchio gorgo, nella palude malsana in cui guazzava la propria famiglia, di esser coinvolta in rapporti che rasentavano la follia pura.

E la nonna? Era veramente stata la protagonista assoluta di quella tragedia familiare? L'unica a tenere i fili, a giocarsi la vita di tante persone come marionette, che aveva dettato legge definendo fin nei minimi particolari il modo di comportarsi, di sentire, di reagire, di vivere e anche di morire di tutti i componenti quella famiglia?

Lei, Angelica, era stata la prima a ribellarsi, a uscire dai ranghi. Ecco perché la nonna l'aveva mandata in esilio, eliminandola dalla sua cerchia sociale come soggetto sovversivo e di disturbo.

Queste riflessioni l'annientarono.

Certo, ci doveva essere anche una storia, forse solo un piccolo episodio, un appiglio che aveva sconvolto l'ordine prestabilito. 'La storia' che lei aveva dimenticato e che nel sottofondo continuava a brontolare.

La mamma e Celerina avevano reagito con un odio inestinguibile, l'una verso l'altra. Si erano contese la vita dell'unico uomo in quella famiglia in una lotta muta, senza misericordia, in cui uno solo era destinato a soccombere: l'oggetto della loro rivalità. E rifiutavano ancora di vedere la realtà, non ammettendo di essere state anche loro vittime di un sistema di vita imposto loro dalla nonna.

Ma non solo dalla nonna.

Era tutta la società responsabile, la bigotteria della piccola città di provincia, la falsità insita nei rapporti umani. Angelica ebbe per un attimo la sensazione di gettare uno sguardo in un abisso di debolezze, mostruosità, ingiustizie di ogni genere, anche nel mondo dei sentimenti apparentemente più disinteressati, più naturali come l'amore di una madre per il proprio figlio, di una donna per un uomo e viceversa.

L'amore: fonte di odio sulla terra?

Questa idea la spaventò.

La nonna doveva pur aver amato il proprio figlio, ma dai ricordi, dai racconti, dalla desolazione del padre, Angelica non riusciva a trovare una conferma a questo principio naturale, cioè che la madre istintivamente avesse amato il proprio figlio, obbedendo alla legge del sangue, come sempre proclamava. Si chiese cosa fosse l'istinto materno, quale la sua origine, se tutti gli essere umani ne fossero forniti: ricordò di aver letto una volta che nel regno animale alcuni non possedevano questo istinto e uccidevano i loro cuccioli.

Un nuovo pensiero. Lei stessa, amava sua madre? Il padre, sì. Il padre lo aveva amato, ma non avrebbe saputo analizzare la forma di questo amore. Lo aveva amato per una sorta di empatia, per quel senso di profonda solitudine che aveva sentito anche in lui. Inconsapevolmente da lui aveva appreso come l'essere umano, per sua natura, anzi per la sua stessa conformazione, per la sua unicità, sia condannato appunto alla solitudine. Si chiese quale differenza corresse fra lei e gli altri componenti la sua famiglia: lei alla ricerca angosciosa di una se stessa sfuggente, sempre in lotta fra luce e ombra, col rischio continuo di cadere nel buio più assoluto; gli altri al contrario, sempre in penombra. Ma non se ne accorgevano, e per questo non correvano nessun rischio: il buio, quello vero, lo aveva conosciuto solo lei.

Concluse che l'incapacità di comunicare con i propri simili nasce appunto dal non rapporto che ognuno ha con se stesso, dal mistero che avvolge ogni persona, anche la più semplice o banale. Senza dire che non esiste banalità senza un fondo di ambiguità. Lei stessa ne era una conferma. Anche lei fin da quando poteva ricordare aveva vagato in un deserto di banalità, in un vuoto di affetti, chiusa in un guscio di timori, nella totale ignoranza di se stessa: la banalità nasce dall'ignoranza di se stessi? Non poté fare a meno di chiederselo. E vi era rimasta fino al momento in cui aveva creduto di poter comunicare con un suo simile: la grande debolezza che aveva pagato assai cara. Appunto 'la storia' che aveva dato modo alla nonna di isolarla dal consorzio umano.

Senza contare che anche lì, in mezzo alla sua famiglia, era sempre stata isolata.

Come del resto tutti gli altri.

Ognuno un'isola.

La sua famiglia, come forse tutte le famiglie, non era altro che un arcipelago di isole, e nessuno ne è cosciente, e tutti credono di vivere uniti, sotto il manto protettivo dell'amore! Un pensiero che la sconvolse per la sua inesorabilità.

Elisa intanto era entrata nella sua vecchia stanza e senza una parola si era seduta sul suo letto.

«Tu ami la tua famiglia?» Angelica la guardò intensamente aspettando una risposta. Sembrava che avessero interrotto qualche istante prima una lunga discussione.

«Che domanda...certo che amo la mia famiglia, che ti viene in mente? Ognuno ama la propria famiglia. È naturale.»

«Sei veramente convinta di quello che dici? Credi che amare la propria famiglia sia una cosa naturale? Cioè, che amare sia una cosa naturale? E la nostra famiglia. Hai amato la mamma, il papà... la nonna?»

«Oddio, Angelica, che ti sta prendendo? Sei venuta per fare un processo alla nostra famiglia? Io già da anni ci ho rinunciato. La mamma è una povera anima, inutile parlarne. Il papà, poverino, non ha più avuto la forza di sopportare il peso della propria esistenza e... la nonna. Anche su di lei ci sarebbe molto da dire, ma ormai è morta e sepolta. Tu piuttosto, oggi mi sembri un po' strana, l'aver dormito qui ti ha fatto male. Più di ieri, mi dai l'impressione di provenire da un altro mondo. Lì devi avere avuto molto tempo per pensare, mentre noi qui ci arrabattiamo per vivere.»

«Hai ragione. Ho preferito pensare invece di vivere. Soltanto pensando è possibile capire la vita... più che vivendola.» Angelica fu sorpresa lei stessa da questo pensiero, espresso lì per lì, senza averci riflettuto neanche un po'. Ma fu subito d'accordo: era questo che l'aveva tirata fuori dal caos, dall'abisso nel quale si dibatteva prima, prima di andare sulle montagne, prima di smettere di vivere come avevano continuato a fare gli altri, come tutti credevano fosse giusto vivere. Soltanto pensando, aveva cominciato a capire il significato della vita, della sua vita.

«Belle frasi... per chi se lo può permettere. Io ho due bambini che non mi lasciano il tempo di pensare alla vita. E mi costringono ogni giorno a viverla, questa vita, e come la intendono loro. I miei figli non devono avere una madre come l'abbiamo avuta noi. Non so se questo ti possa bastare.»

«A me non è stato permesso...» Angelica trasalì. Era quella 'la storia'? A lei non era stato permesso di avere un bambino.

«Elisa, tu sei l'unica che può raccontarmi la storia della mia vita. Io l'ho dimenticata, è andata a pezzi, non esiste più nella mia memoria. Le tante medicine che ho dovuto prendere hanno danneggiato il mio cervello, ne sono certa: hanno distrutto ogni ricordo, hanno eliminato ogni collegamento col mio passato.» Elisa la guardò stupita, o meglio spaventata:

«Tu vuoi che io ti racconti la storia della tua vita... che frase melodrammatica! Ma ti rendi conto di quello che dici? Stai veramente bene?»

Angelica capì di trovarsi davanti a una porta chiusa, ermeticamente chiusa, e che forse nessuno avrebbe potuto o voluto aiutarla ad aprirla, quella porta.

«Tranquilla, io sto bene. Ma come ti ho detto prima, alcune volte sento come un enorme buco nella mia memoria, forse la reazione a qualcosa che mi ha traumatizzato. Solo che ora ho bisogno di sapere: non posso vivere senza passato, senza quel passato. Sono decisa a colmare quel buco, costi quel costi... per questo motivo sono tornata. Devo sapere cosa è accaduto allora, per quale motivo la nonna mi ha mandato lontano, nella solitudine più completa, fra montagne altissime. Lo sai, tu? Puoi aiutarmi?» Elisa capì e non capì. In realtà sapeva che la sorella, in preda a una crisi, era stata portata in ospedale. Quale fosse stata l'origine di quella crisi era in ogni caso un tabù per tutta la famiglia. Dalla Celerina aveva saputo, a mezze parole, che la nonna aveva sborsato una quantità di soldi, una forte donazione affinché venisse eliminato il nome della sua famiglia dall'archivio dell'ospedale, e aveva ripreso la nipote, con la ferma intenzione di portarla in luogo isolato. Di più non sapeva. Ora glielo disse.

«La nonna ha pagato per cancellare la vergogna della nostra famiglia: che razza di ospedale era quello? Un manicomio? Dimmi la verità, era un manicomio? Io ricordo di essere stata legata mani e piedi a un letto, l'ho sognato recentemente... per questo sono qui.» Quale episodio aveva provocato quella grave crisi? Forse Elisa non lo sapeva. Chi, dunque?

In quella famiglia c'era una sola persona che sapeva tutto: la Celerina, ma con lei, proprio con lei non voleva parlare.

«Non sapevo che ti avessero legato mani e piedi. Queste cose non le raccontano mai ai parenti. Io so soltanto che la nonna è andata in escandescenze, che ha messo terra e cielo in movimento per toglierti da quel posto. Un merito che le hanno riconosciuto tutti. Forse lo hai dimenticato, anzi ti credo, perché eri piuttosto fuori di testa. Soltanto papà si è dichiarato pronto a condurti via, lontano da qui, in un luogo completamente diverso dall'ambiente nel quale avevi sempre vissuto, nel più completo isolamento, necessario per la tua guarigione, così si disse. Avevi bisogno di un cambiamento d'aria; nessun contatto con la tua famiglia d'origine, con persone che ti erano state vicine, che ti conoscevano: a me è stato sempre proibito di venirti a trovare perché, dicevano, avrebbe potuto farti male, avresti potuto avere una ricaduta. La Celerina era pronta a venire con voi. Non voleva lasciare papà solo in quella situazione, ma tu hai protestato vivacemente. Questo è quanto lei stessa mi ha raccontato.

Tu non volevi neanche vederla perché dicevi che era stata lei l'origine di tutte le tue disgrazie. Noi, forse lo ricordi, in quel periodo siamo state mandate da una vecchia parente della nonna, ormai morta da tempo, poveretta. Così non abbiamo visto quasi niente. Papà ha sofferto moltissimo di quella storia. Una volta l'ho sentito mentre diceva alla nonna di non essere stato un buon padre e che tu, più di ogni altra, ne avevi subito le conseguenze.»

Adesso tacque, anche lei assai triste.

Nonostante in casa avessero cercato di mettere tutto a tacere, qualcosa era trapelato. Ricordò quel periodo di grandi silenzi.

Una famiglia a lutto.

Da allora non avevano più avuto ospiti, nessun prete a tavola, nessuna famiglia amica in visita. Una vita di clausura, avevano pensato le sorelle, per non dover spiegare dove era finita la figlia maggiore. Adesso Angelica capì per quale motivo le visite del padre erano sempre state molto brevi. Il suo modo di fare era quello di chi trasgredisce a un ordine e lei stessa aveva sempre avuto la sensazione che nessuno in casa sapesse dei loro incontri. Capì anche perché le sorelle avessero finito col dimenticarla, quasi non fosse mai esistita. C'era dietro la volontà della nonna, cui soltanto il padre non si era sottomesso. Forse una delle poche volte in cui aveva avuto la forza di reagire.

«Celerina ha detto che papà è morto per colpa mia. Lo pensi anche tu? La mamma mi ha raccontato come è morto. Orribile. E perché nel corridoio? Te lo sei mai chiesto? Dio, ci sono molti modi per togliersi la vita, perché ha scelto proprio il più orrendo?»

«Io non l'ho visto... subito dopo. Pare sia venuta anche la polizia. La mamma ha raccontato che è stato un incidente, non ha saputo spiegare altro. Era sotto shock. È stata una tragedia per tutti. Non dimenticherò mai la telefonata della Celerina, anche lei fuori di sé.»

In quella cameretta si erano detti tanti piccoli segreti, si erano anche azzuffate e avevano rifatto la pace. Si erano consolate a vicenda e avevano conosciuto la sensibilità dei loro corpi ancora giovani e inesperti. Ora tacquero sopraffatte, incapaci di spiegarsi l'inspiegabile, di capire cosa si nascondeva nel fondo di un essere che pur credevano di conoscere meglio di ogni altro per il solo fatto che era loro padre.

Per un attimo ebbero la chiara sensazione di trovarsi davanti a un mondo oscuro, impenetrabile. Angelica, soprattutto, ne percepì l'imperscrutabilità, forse per l'abitudine acquisita in tanti anni di solitudine a cercare di capire, di osservare, di interpretare visioni e sogni, di trovare in tutte le cose una spiegazione, una causale.

Anche Elisa e le sorelle si erano chieste il perché di quella morte. Le due ragazze, dopo quella tragedia, erano andate via di casa, definitivamente. Lei, già sposata, aveva evitato ogni contatto con la madre, con la nonna, forse per non dover parlare di quella notte.

La nonna aveva reagito chiudendosi in un mutismo sprezzante, la madre si era ammalata. La Celerina, dopo un primo momento di estremo dolore, si era impietrita: era come se la vita si fosse ritirata dal suo corpo. Dimagriva a vista d'occhio, nonostante continuasse a mangiare come sempre. Lei diceva che il suo corpo si rifiutava di assimilare il cibo, che tutto quello che mangiava si tramutava in veleno.

Gli ultimi anni di vita della nonna erano stati assai duri per tutti. Aveva venduto buona parte dei suoi negozi, altri li aveva dati in gestione. Non usciva più di casa, aveva sporadici contatti col mondo esterno e anche in casa si chiudeva quasi tutto il giorno nella sua stanza, limitando al minimo i rapporti con il resto della famiglia: quella morte era stata una condanna, un verdetto senza possibilità di appello. E lo faceva pesare a tutti.

Una grave malattia si annunciò subito dopo. I primi tempi si rifiutò di ammettere di essere ammalata, poi dovette cedere ai dolori diventati insopportabili. Furono due anni di sofferenza estrema; solo la Celerina riusciva a somministrarle i calmanti necessari. Non volle andare in ospedale. Il medico veniva ogni giorno a vederla, aumentando ogni volta la dose dei farmaci; gli ultimi mesi li aveva trascorsi in stato di completa apatia. Sembrava non riconoscere nessuno, neanche la Celerina, che si curò di lei fino all'ultimo, con vera abnegazione.

Tutto questo raccontò ora Elisa alla sorella.

«Senza la Celerina, la nonna avrebbe dovuto essere assistita da un'infermiera e non so chi avrebbe potuto resistere... col carattere che aveva. Devo dire che, nonostante tutto, le sono grata. Adesso sta dietro alla mamma.»

«Vuoi dire che sta facendo da padrona in questa casa. Finalmente realizza il sogno della sua vita e la mamma non muove un dito senza il suo permesso. È succube.»

«Delle due, lei è sempre stata la più forte, lo sappiamo. D'altra parte senza di lei non so cosa succederebbe, qui. Una di noi dovrebbe prendersi cura della mamma e non so chi lo farebbe.»

«Sai anche che aveva una relazione con nostro padre?»

«Tu vieni con certe novità! Certo che lo so. Chi non lo sapeva? Non ho mai capito come fosse possibile una storia simile, ma ci sono tante cose che non capirò mai.» Si chiusero in un lungo silenzio. Poi Elisa di colpo si svegliò.

«Andiamo via. Ne ho abbastanza di queste storie. Ieri mi sono meravigliata che tu abbia voluto restare qui.

In questa casa io non ci starei neanche un'ora.»

VI

«C'è Don Pietro?» Il ragazzo aprì la bocca sbalordito. Una voce di donna, sguaiata, da dentro gridò:

«Chi è? Ti ho sempre detto di non aprire la porta a sconosciuti...» Poi dal fondo del corridoio apparve la donna che aveva gridato, asciugandosi le mani nel grembiule. Scostò brusca il ragazzo da parte e si fece sull'uscio di casa. Angelica, in quella energumena, grassa, il viso gonfio, malsano, come di chi beve troppo, i capelli grigi, spettinati, riconobbe subito la giovane donna che accudiva don Pietro, in altri tempi, quando ancora veniva in quella casa.

«E tu chi sei? Che vuoi?»

«Sono Angelica... volevo sapere se don Pietro è in casa.» La donna sgranò gli occhi e per un momento restò imbambolata, senza fiato. Poi subentrò un gran cambiamento. Fu come se l'avesse punta un serpente velenoso. Fece un salto in avanti, quasi volesse aggredirla, tanto che Angelica si spaventò e arretrò di un passo, già pronta a difendersi.

«Tu osi venire ancora qui? Osi presentarti in una casa di gente onesta? Non ti è bastato il terremoto che hai provocato? Ci vuole un bel coraggio... dopo tutti questi anni.» Quasi schiumava dalla rabbia. «Don Pietro... lei cerca ancora don Pietro dopo tutto quello che è accaduto.»

«Per favore... posso vederlo?» Angelica, benché tremasse in tutto il corpo, era decisa a non andare via di lì se prima non avesse parlato con don Pietro.

Quella notte aveva sognato di lui, non ricordava più in quali circostanze, ma aveva considerato quel sogno come un avvertimento, un indizio che doveva seguire. Ecco perché di mattina presto, senza neanche fare colazione, era uscita di casa e si era avviata verso la vecchia strada che conosceva ancora a memoria; solo che nel frattempo erano state costruite molte case, la città si era allargata e spesso aveva dovuto fermarsi per orientarsi di nuovo. Ora era lì e niente l'avrebbe smossa da quella porta.

«Se vuoi vedere don Pietro dovrai andare al cimitero o forse meglio nell'aldilà, non so se in Paradiso o all'inferno. Dovresti saperlo tu più di ogni altro dove trovarlo.»

Angelica non si aspettava quella notizia: anche lui era morto.

«Quando è morto? E... posso entrare? La prego, può dirmi qualcosa di più? Le assicuro, non ne so niente, sono stata tanto lontana.»

«In questa casa tu non metterai più piede... e non ho altro da dirti.» E senza aggiungere altro le sbatté la porta in faccia. Angelica restò qualche minuto interdetta, quasi incredula. Poi la porta si riaprì e la donna urlò:

«Non ti è bastato aver rovinato la vita di quel sant'uomo, anche la sua morte hai voluto! Vattene di qui e non tornare più.» E richiuse di nuovo la porta con violenza.

Aveva provocato la morte anche di quel sant'uomo, come diceva la donna, e gli aveva rovinato la vita.

Si allontanò a testa bassa. Confusa, ripeteva le parole della donna quasi volesse imprimersele nel cervello: era morto e lei era la causa di tutto. Lo stesso aveva sentito il giorno prima: il padre si era ucciso per colpa sua.

Rifece il cammino che anni prima conosceva molto bene, sasso dopo sasso, cespuglio dopo cespuglio; la strada era stata perfettamente asfaltata e ora una casa seguiva l'altra. Non più fuori città. Tutto era cambiato, ma non si accorse di niente, tanto era presa dai suoi pensieri.

I suoi passi la portarono al cimitero dove da ragazza non era mai stata. Fu sorpresa dalla grandiosità del viale centrale, costeggiato da un doppio filare di siepi di bosso tagliati artisticamente in diverse dimensioni. Ai due lati, oltre le siepi, una moltitudine di cappelle funebri, enormi, monumentali, tutte ben allineate, che si perdevano nell'orizzonte. Un'allucinante città di morti.

Ripensò al piccolo cimitero di Varna, così rassicurante, visibile in tutte le sue parti, alto in cima a una salita, dove man mano aveva imparato perfino a leggere i nomi sulle piccole croci di ferro battuto, nomi stranieri, difficili da sillabare. Qui era tutt'altra cosa. Qui si stagliavano grandiosi fabbricati, costruiti in diversi stili architettonici, voluti da gente molto danarosa, appunto come la nonna; gente del secolo precedente che non badava a spese, che aveva voluto lasciare un segno duraturo per le generazioni future. Si trattava anche di una questione di prestigio oltre che di necessità puramente territoriali, data la zona assai paludosa, che non permetteva di inumare i defunti sotto terra, come in tutti i cimiteri del mondo. Pensò che Suzzara, ricca città industriale, come dimostravano le bellissime ville padronali, aveva costruito i suoi monumenti più significativi appunto nel cimitero.

Percorse il lungo viale fino alla fine e lì vide una serie di tombe più normali, ma non cercò quella di don Pietro. Stranamente non sapeva più cosa l'avesse spinta a recarsi in quel luogo. Aveva dimenticato perfino l'esperienza di qualche minuto prima, nella casa del prete. La vista di quella città di morti la sconvolse al punto da non sapere perfino come fosse arrivata in quel luogo.

Tornò indietro. Ora pensò che sarebbe stato opportuno visitare almeno la tomba della sua famiglia. La quantità di cappelle, però, la scoraggiò. Si rivolse a un uomo che sembrava essere addetto al cimitero, e chiese informazioni. L'uomo sfogliò un grosso registro e le indicò con una certa esattezza il luogo dove avrebbe trovato la tomba della sua famiglia. Era circa all'inizio del viale. La porticina in ferro battuto era chiusa a chiave ma da fuori riuscì a leggere il nome del padre della nonna, a grandi lettere. Telesio Ferrari. C'era una piccola fotografia ovale che subito riconobbe per averla già vista nell'album di famiglia e notò la data di nascita e di morte: era morto nel 1945, un anno prima che nascesse suo padre.

Quante cose si possono capire osservando la lapide di una tomba! Lo aveva imparato durante le sue visite al piccolo cimitero di Varna, quando cercava di ricostruire la vita delle persone scomparse attraverso le fotografie, le date di nascita e di morte.

Si sorprese a cercare anche il nome del probabile marito della nonna, benché ormai fosse convinta che non fosse mai esistito. Non trovò niente e poi la conferma, se ne aveva ancora bisogno, era data chiaramente dal cognome Ferrari, lo stesso della nonna, di suo padre e suo. C'era anche un'Angelica Ferrari, la madre della nonna, anch'essa morta molti anni prima della nascita del padre. Facendo un conteggio fra le diverse date, concluse che la nonna era vissuta a lungo sola col padre. Poi vide le date di morte del padre e della nonna. Si soffermò a lungo a osservare quei numeri: due persone che avevano giocato un ruolo assai importante nella sua vita, ora ridotte solo a qualche cifra e niente altro.

Si inginocchiò sui gradini, davanti alla cappella e recitò una preghiera per la salvezza delle loro anime. Fece fatica a ricordare le parole, tanto era sconvolta.

Lentamente ritornò a casa.

«Sei uscita senza fare colazione, e dire che Donata ti ha comprato il pane e il burro, come volevi tu.» Celerina era venuta ad aprirle. Angelica, senza una parola, le passò davanti e andò nella propria stanza: non aveva voglia di mangiare e tanto meno di parlare con lei. Si sedette un momento, poi decise di telefonare alla sorella.

«Ci vediamo? Oggi devo venire a Mantova perché ho un appuntamento dal notaio, dopo potrei passare da te.»

«Vieni a pranzo. Ti aspettiamo.»

Il giorno prima aveva rivisto le altre due sorelle venute appositamente da Bologna per incontrarla. Era stato un pomeriggio assai estraniante. Due giovani donne che lei non conosceva. Non avevano avuto niente da dirsi. Si erano guardate curiose: ecco le mie sorelle dimenticate, aveva pensato Angelica. Chiese cosa facevano, come vivevano. Aveva parlato con loro proprio come si parla con persone che si incontrano per la prima volta. Apprese che abitavano insieme e che da anni studiavano medicina. Non sapevano quando avrebbero finito di studiare. Sembrava non avessero fretta. Ripensò a quanto aveva detto Elisa di loro: sono ancora alla ricerca della propria identità. Osservandole pensò che indossavano ancora il vestitino che avevano ricevuto alla nascita e non se ne erano neanche accorte; fu un parlare fra muri, fra persone che non escono da se stesse perché non sanno che c'è anche un fuori. Un pomeriggio assai faticoso per le quattro donne che tastavano il terreno come ciechi, senza osare fare un solo passo avanti.

Soltanto Elisa riusciva a fingere una certa spigliatezza, soprattutto servendosi dei suoi figli che entravano e uscivano nella stanza, curiosi, per superare momenti di silenzio assai imbarazzanti. Sembrava facessero a gara ad evitare le tante parole che premevano e che avrebbero voluto essere urlate. Ma nessuna aveva il coraggio di dirle, quelle parole liberatrici, e forse non erano in grado di trovarle. Angelica si accorse di non far più parte di quel mondo, di aver perso l'abitudine a parlare di futilità e, in generale, di parlare e ascoltare. La solitudine nella quale era vissuta fino a quel momento le aveva insegnato a misurare perfino i pensieri, anzi a pensare solo lo stretto necessario, forse per non farsi male. Dopo qualche ora disse di dover tornare a casa. L'aspettavano per cena. Uscì da quella casa con un certo sollievo: si era sentita soffocare da qualcosa che aveva dimenticato, un senso di oppressione, di ansia; un disagio che stranamente conosceva e che sembrava sepolto chissà dove, in tempi e luoghi ormai assai lontani. Un ritorno non desiderato in un tempo dal quale sembrava le sorelle non si fossero mai allontanate.

Elisa le era più vicina. Si vedeva che la sua vita di madre di famiglia l'aveva maturata.

Ma dipendeva sicuramente dal suo carattere, lei era stata sempre più ribelle delle altre, fin da bambina. Forse era riuscita prima di ogni altra a liberarsi dal condizionamento famigliare, dalle imposizioni che al contrario pesavano ancora sulle sorelle minori.

L'incontro col notaio fu assai breve. In poche parole la informò di essere stata nominata erede, insieme alle altre sorelle, dell'ingente patrimonio della famiglia Ferrari. La nonna aveva inoltre nominato lui suo tutore, date le condizioni mentali della nipote. Il notaio aveva alzato gli occhi dal documento che stava leggendo per guardarla.

«Credo sia necessaria una visita medica per accertare le sue condizioni di salute. In seguito alla diagnosi potremo escludere questa clausola dal testamento. Ha capito adesso per quale motivo, nonostante il decesso della signora Ferrari, lei abbia continuato a percepire la retta mensile. Ero io a fare il versamento.» Tacque prima di proseguire. Angelica ascoltava concentrata. Poi, sempre fissandolo negli occhi, gli chiese se sapeva in quale ospedale era stata ricoverata, prima della sua partenza. Il notaio sembrò imbarazzato.

«È passato tanto tempo e non rientra nelle mie mansioni. Inoltre non credo di avere una documentazione. La sua signora nonna mi ha soltanto pregato di rappresentarla in tutti gli atti pubblici e di provvedere al suo mantenimento. Fra i miei compiti c'è anche quello di amministrare i beni, quando saranno in suo possesso. Fino a questo momento, per motivi di burocrazia, la suddivisione non ha ancora avuto luogo, ma se ha bisogno di soldi io ho un conto già aperto dalla signora Ferrari prima della sua dipartita, appunto per sopperire ai suoi più urgenti bisogni, in ogni momento può prelevare quanto le necessita.»

Quel pomeriggio Elisa riuscì a portarla per i negozi della città. Comprarono finalmente qualche vestito decente, come diceva lei, una giacca calda, calze, scarpe e tutto il resto. Angelica la lasciò fare, quasi non partecipe, la testa altrove. Troppe novità. La necessità poi di dover prendere delle decisioni su ciò che le piaceva o no, la frastornava visibilmente.

La sera tornò a casa carica di pacchi e pacchetti.

«Vedo che hai fatto spese», l'accolse Celerina alla porta.

Angelica aveva ormai capito di non avere altra scelta. Dopo il suo incontro col notaio sapeva di essere arrivata al punto di partenza: se voleva sapere qualcosa doveva rivolgersi a Celerina, lo volesse o no.

Ora almeno sapeva l'origine dei suoi rapporti difficili con lei: la gelosia. Così aveva detto Elisa. Non sapeva se crederle. Da cosa poteva nascere un tale sentimento distruttivo, che cosa lo aveva provocato? Durante il viaggio di ritorno, ma anche durante la corsa per i negozi, aveva pensato solo a questo. Ora era decisa a chiarire tutto.

«Elisa mi ha convinto che avevo bisogno di qualche vestito decente. Il notaio mi ha anche dato carta bianca, cioè una carta di credito. Ho speso un mucchio di soldi e quasi ci sto male, ma Elisa era in estasi.»

«Oh quella è sempre stata una spendacciona. Non fidarti di lei, è capace di portarti alla rovina.» Angelica ripensò all'ammontare del suo patrimonio e non poté trattenere un sorriso: prima di arrivare alla rovina ci voleva ben altro.

«Fai vedere cosa hai comprato.» E la seguì nella sua stanza. Sembrava meno ostile dei giorni precedenti, forse si stava abituando all'idea di avere Angelica in casa, o forse aveva riflettuto sulla propria reazione eccessiva e in ogni caso incontrollata, provocata più che altro dalla sorpresa di rivederla dopo tanti anni.

Angelica accolse quel cambiamento con un certo sollievo, le tensioni non le facevano bene. E poi aveva bisogno di parlare con lei.

Aprì un pacchetto dietro l'altro e distese tutto sul letto. Celerina osservava interessata, ogni tanto diceva „bello bello", senza troppo entusiasmo.

«La Signora si rivolterebbe nella tomba se potesse vedere quanti soldi sono stati spesi in un solo pomeriggio. Stai attenta in futuro.» Angelica, già di per sé piena di sensi di colpa, lasciò il resto dei pacchetti non aperti e andò a sedersi nella sua sedia, accanto alla scrivania.

«Tu lo sai che la nonna era molto ricca. Certo, oggi ho speso un mucchio di soldi, ma considera che per anni non ho avuto niente o quasi niente, il giusto per sopravvivere; del resto Elisa ha detto che non posso andare in giro vestita così, se non voglio che la gente mi guardi dietro.»

«La Signora non si curava dell'opinione della gente. E se è per questo, neanche tuo padre.» Angelica sentì dal tono della voce che la donna aveva ceduto le armi, che c'era una certa disponibilità.

«Parlami di papà. Credo che tu l'abbia conosciuto meglio di tutti noi. In ogni caso più a lungo.» Il viso di Celerina cambiò di colpo, si ammorbidì, acquistò tratti che Angelica non aveva mai visto in lei. Si sedette sul letto e prese una sciarpa di seta bellissima, la maneggiò palpandone la stoffa con le mani, con delicatezza, anche con stupore.

«È proprio una bella qualità. E anche i colori sono bene assortiti. Sembra una nuvola di primavera: basta soffiarci un po' su e vola via. La Signora non portava mai roba del genere e non perché non se lo potesse permettere. Lei era fatta così, considerava queste cose superflue, anche se sono poi tanto belle.» Parlava a bassa voce, quasi avesse bisogno di riflettere su ogni parola che diceva.

Parte terza
Il racconto di Celerina

I

E parlò per ore, fino a cena.

Un fiume in piena, tenuto stretto da una diga alta e ormai logorata dagli anni, nel momento in cui gli argini non tengono più e straripa da tutte le parti, non poteva essere più imprevedibile e tempestoso del discorso di Celerina. Nessuno avrebbe potuto fermarla. Più che un racconto chiaro e preciso, fu un'accozzaglia di parole messe insieme senza alcuna disciplina, quasi di persona dissennata: una valanga di storie, di ricordi che si rovesciava nella stanza, travolgendo tutto: mobili, oggetti, persone, senza riguardi, senza freno. Parole, frasi a volte sussurrate, altre gridate: una furia primordiale dalla quale era impossibile salvarsi. E Angelica non voleva salvarsi. Ormai era pronta a tutto.

Nessuno ormai, eccetto lei, conosceva le storie di quella famiglia. Ma non soltanto della Signora e di suo figlio raccontò; anche del padre della Signora, Telesio Ferrari, e della propria famiglia. Non per ultima, di se stessa. Man mano che parlava dimenticava il luogo in cui si trovava, la persona che l'ascoltava, il tempo presente, i tanti cambiamenti che avevano sconvolto l'ultimo secolo. Fu una specie di testamento in cui rendeva conto non soltanto della propria vita, anche delle persone con le quali aveva vissuto, che l'avevano plasmata, formata. Che le avevano dato tutto e anche tolto tutto, perché da quando la morte era entrata in quella casa, portandosi via le persone che erano state al centro, alla base della sua vita, era rimasta sola, priva di una qualsiasi motivazione, di un senso da dare al suo essere al mondo. Dalla morte della padrona aveva anche smesso di lavorare e ora si aggirava per le tante stanze della casa, che da lunghissimi anni era stata la sua casa, inquieta, cercando in ogni angolo, in ogni mobile, ogni oggetto, quasi in ogni sedia le tracce delle persone che vi erano state sedute, che avevano vissuto fra quelle mura, che aveva venerato, amato, ma anche odiato. E non osava spostare un mobile, una pianta, un ninnolo dal posto che una volta e per sempre aveva stabilito la Signora o forse, prima di lei, sua madre.

Celerina, venuta appena uscita dall'infanzia, aveva ammirato senza riserve la casa, l'arredamento, gli oggetti che la riempivano; ma anche e soprattutto lo stile di vita della Signora, il suo saper essere al di sopra di tutto e di tutti, l'intransigenza e anche la durezza del suo carattere, il suo modo di comandare e il rispetto che incuteva in ogni persona. E il dominio di se stessa, il totale ascetismo, l'estraneità a tutto quanto definiva: le vanità del mondo. Perfino la sua cupa religiosità ammirava e imitava; il suo modo di vestire, di pettinarsi. E nonostante la goffaggine, la rusticità ereditata dalla propria famiglia, con gli anni si era alquanto civilizzata: evitava espressioni sguaiate, che la padrona non voleva sentire, moderava la voce nel parlare cercando anche di limitare al minimo la sua gestualità sempre molto accentuata. Bastava uno sguardo della Signora per rimetterla in riga e questo anche negli anni della maturità. Da lei accettava ogni rimprovero, cosa che del resto accadeva assai di rado, perché lei sapeva già cosa poteva e non poteva fare o dire, e ogni consiglio, che in realtà era sempre un ordine.

Per lei la padrona era una donna senza peccati, senza difetti, incapace di ingiustizie; in lei ammirava soprattutto la mancanza di femminilità intesa come uno stato di inferiorità, di debolezza. In un certo senso, neanche la maternità era riuscita ad ammorbidire il suo carattere, a smussare certi angoli che semmai si erano acuiti fino ad arrivare a una totale chiusura col mondo nel quale viveva.

Questo era il solo punto nero nel suo rapporto con la Signora, altrimenti ideale: non riusciva a perdonarle il suo disamore verso il figlio.

Quello no.

Quello per lei era imperdonabile. Tutta la vita non aveva fatto altro che cercare di scusarla, dando la colpa al destino e, perché no, agli uomini. Non a lei, incapace di far torto ad alcuno. Questa l'unica colpa che intaccava quella persona per lei integerrima, l'unico rimprovero che, nel chiuso della sua anima, riusciva a farle; e se ne doleva, anzi si macerava l'anima con fortissimi sensi di colpa, perché in quella donna trovava tutto semplicemente perfetto, degno della più grande ammirazione.

La venerava. Ma non l'amava.

Per moltissimi anni non era riuscita ad amarla e non sapeva perché; lei aveva amato solo una persona.

L'amore per Celerina aveva a che fare con la pietà, o meglio con la compassione, nel senso letterale della parola; ma anche con un bisogno estremo di donarsi nel modo più completo, più assoluto. E questo era stato possibile solo col figlio della padrona. Lui aveva bisogno di lei, non la Signora. Non si può amare chi sta al di sopra di ogni cosa, quasi vicino a Dio. E lei non amava Dio. Lo pregava varie volte al giorno e lo temeva, come temeva la padrona. Chiedeva il suo aiuto, ma nel suo rapporto con Dio non poteva esserci posto per l'amore: neanche Lui, nella sua incommensurabilità, aveva bisogno di lei, Lui bastava a se stesso, proprio come la Signora. Mentre lei, Celerina, era solo una povera creatura, come il figlio della padrona; ma molto più bisognoso di lei però, perché più sensibile, meno forte e soprattutto dominato da una madre che tutto poteva.

Lei, la Celerina, sapeva cosa era la solitudine, conosceva quel desiderio imperioso di amare e ricevere amore. La Signora, dall'alto del suo piedistallo, non aveva bisogno di sentimenti così umani. Forse non li conosceva nemmeno. Forse una volta per tutte li aveva eliminati dalla sua vita. E nonostante l'avesse osservata fin dal primo giorno, non certo per curiosità ma per interesse e profonda ammirazione, non era riuscita a carpire i segreti di quell'anima incapace di una qualsiasi debolezza, a scrutarne i recessi e, chissà, anche le ferite. La Signora restò sempre per lei un essere superiore, fuori dal comune, imperscrutabile. Quasi non di questa terra.

Le era stata più vicina di ogni altro; ne indovinava perfino i pensieri, per lo meno spesso le bastavano poche parole per interpretare ogni suo desiderio; conosceva anche le vicende che in tempi precedenti avevano coinvolto la sua famiglia. Ma di lei come persona sapeva poco e niente. Certo la comunione di pensieri, di emozioni che l'aveva unita al figlio non era mai stata possibile: per la padrona lei restava solo la Celerina, la sua ombra, la donna della quale poteva sempre fidarsi e basta. Ma parlare, aprirsi con lei, impossibile, impensabile. E questo lo capiva lei stessa. Troppe differenze sociali, insormontabili, le dividevano.

Neanche nei momenti di estrema miseria, quando la Signora, malata, aveva avuto bisogno delle sue cure, entrando così nell'intima sfera della sua esistenza umana, era stato possibile un piccolo avvicinamento, un cedimento. La vecchia signora sembrava murata, chiusa in un dolore che soltanto dopo la morte del figlio si era manifestato in tutta la sua crudezza, in tutta la sua inesorabilità. Solo una volta, molto tempo dopo la terribile tragedia, aveva chiesto a se stessa:

„Perché proprio davanti alla mia porta? Ha voluto restituirmi la vita che gli avevo dato. È stato per questo?"

E Celerina, testimone involontaria di questo piccolo atto di debolezza, per la prima volta sentì di aver vissuto tutta la vita accanto a un essere ferito a morte. Da sempre.

Soltanto allora cominciò ad amarla. Perché capì che anche lei, la Signora, aveva bisogno di amore, di comprensione. Ma era stata molto attenta a non farglielo capire, non voleva umiliarla col suo amore. Sarebbe stato come farla scendere dal piedistallo e metterla al suo stesso livello, quasi una sua pari, cioè un essere umano come lei. Come tutti.

Anche nel dolore, nella sofferenza, infatti, lasciava sentire la distanza che correva fra lei e il resto dei comuni mortali.

Ad Angelica non poteva raccontare tutto questo, soprattutto i conflitti che da più di quarant'anni avevano dilaniato la sua esistenza. Come parlare apertamente del suo disprezzo per la donna scelta dalla Signora per l'unico figlio; debole, sottomessa, si era prostituita, come tutte le donne che si sposano per interesse, unendosi a un uomo senza amore, solo per denaro. Una sorta di sistemazione a vita, un vendere il proprio corpo e a volte anche la propria anima, in cambio di una sicurezza finanziaria, forse anche di una stabilità dei sentimenti, se in qualche modo esistenti: questa la sua opinione a proposito del matrimonio in generale.

Ebbe sempre un sovrano disprezzo per le donne sposate, tutte, secondo lei, rispettabili prostitute non dichiarate ma effettive. Per mantenere la propria dignità una donna deve lavorare, pensava, guadagnarsi il pane quotidiano, così che nessun uomo abbia il diritto di disporre di lei a sua discrezione. Una femminista ante litteram che non sapeva neanche di esserlo, ma non per questo meno battagliera di quelle vere; era infatti convinta che una sola fosse l'origine dei rapporti così complicati fra uomini e donne: il fattore economico. Secondo lei una donna non poteva mai essere libera anche solo di fare una scelta, senza l'indipendenza finanziaria. L'esempio le veniva dalla propria madre e dalle tante donne di sua conoscenza, tutte legate a un uomo da una lunga catena di necessità, di bisogni primari cui da sole non avrebbero potuto far fronte. L'uomo portando a casa il denaro aveva il potere, l'autorità assoluta su tutto il resto della famiglia e soprattutto sulla moglie.

Questo era un tema sul quale poteva discutere per ore, senza mai lasciarsi convincere da argomenti contrari.

Lei, la Celerina, non aveva mai pensato che un'altra donna potesse amare quell'uomo schivo, modesto. Solitario. Un uomo che solo lei capiva, solo lei conosceva a fondo, fin da quando, ragazzo, si era aperto a lei, nei suoi momenti di estrema desolazione, di solitudine. Di disperazione.

In realtà non sapeva quale fosse stato il vero rapporto che lo aveva unito alla moglie; non aveva mai voluto o saputo indagare sulle ragioni di quella unione, da cosa nascesse il rispetto, l'accordo reciproco; né si era data pena di andare oltre. Forse temeva ci fossero sentimenti più nobili, più alti, incomprensibili per una persona semplice come lei. E non si era mai chiesta quale fosse lo stato d'animo di quell'uomo sistematicamente diviso fra due donne; l'ambiguità dei suoi rapporti; le lacerazioni e, perché no, la falsità di tutto il suo procedere: come aveva potuto vivere in quella casa insieme alla madre, alla moglie e all'amante? Quale sorta di perversione lo aveva convinto che non ci fosse altra soluzione, altra possibilità di vita per lui? Era stato un continuo assuefarsi a situazioni alienanti, un continuo piegarsi alla volontà altrui, della madre ma anche di Celerina, per evitare forse conflitti maggiori, negando a se stesso una propria volontà, ma soprattutto una propria visione della vita, se ne aveva una.

Questa incapacità di guardarsi dentro, di riconoscere cioè il suo vero io, forse anche di definirlo, era stata la causa maggiore della sua debolezza caratteriale; della conseguente insicurezza che gli impediva di prendere qualsiasi decisione, di avere una propria opinione anche su fatti importanti che coinvolgevano la vita della sua famiglia. In una parola, di avere il diritto di essere se stesso.

Certo neanche lui aveva mai pensato di sposare la Celerina, ma non era mai riuscito a separarsene. In questo stava la sua ambiguità ma anche la sua doppiezza: la Celerina, forse un simbolo materno, una sostituta? Ne era cosciente? E Celerina stessa, aveva mai capito il ruolo che copriva nella vita di quell'uomo?

Il tutto era andato avanti fino al momento in cui era scoppiato il dramma con la figlia prediletta, nella quale aveva visto un se stesso infantile, mai cresciuto. Solo allora si era accorto dell'assurdità di tutta la propria vita. Ma ciò che più aveva deciso della sua sorte era stata la scoperta della propria debolezza, l'incapacità di proteggere la sua creatura, di aiutarla. L'averla condotta lontano dal suo ambiente famigliare, le sue visite strazianti e la paura di ritrovare la figlia delirante, a volte silenziosa, per tutto il tempo della sua visita, mai però aggressiva o solo negativa contro di lui, erano tutti motivi che avevano logorato nel corso degli anni un equilibrio già di per sé assai fragile. Aveva finito con lo scoprire in se stesso una personalità sconnessa, una dualità del tutto dissociata, un conflitto interiore come mai aveva supposto di avere. E in nessuna delle due personalità sapeva, riusciva a identificarsi. Per uscire da questo terribile dilemma, uno dei due uomini, due sconosciuti che vivevano in lui, il più forte forse, o il più alienato aveva scelto l'unica soluzione possibile, mettendo fine a una esistenza priva di senso logico, ma soprattutto di chiarezza morale.

In modo definitivo.

Lei, Celerina, conosceva solo la sua debolezza, la fragilità, il suo bisogno estremo di essere protetto, aiutato, compreso. In lui non aveva mai scorto nessuna ambiguità, ma neanche la dissociazione della personalità che aveva caratterizzato tutta la sua esistenza.

E la propria forza nasceva appunto dall'impotenza di quell'uomo. L'unico vero motivo di vita. A lei bastava che lui continuasse a venire, di notte, nel suo letto, magari con la scusa di consolare la sua bambina, e col permesso della moglie che continuava a non capire, abituata a tollerare tutto, anche lei per una sorta di rassegnata cecità, purché il loro rapporto giornaliero non venisse mai turbato dalla più piccola nube. E anche più tardi quelle visite notturne continuarono, più che altro per abitudine.

Stranamente non fu mai gelosa della moglie, forse perché la disprezzava troppo. E l'aveva accettata come parte della famiglia, così come accettava tutte le decisioni della Signora, senza discutere, senza neanche cercare di spiegarsene le ragioni.

L'unico essere che aveva fatto esplodere in lei sentimenti nuovi, sconosciuti, era stata appunto Angelica. Appena nata, il padre si era preso cura di lei perché, diceva, le faceva pena e non poteva sentirla piangere. Ogni suo vagito era per lui una richiesta di aiuto, un richiamo ancestrale del cucciolo umano indifeso, abbandonato, nell'estrema solitudine dell'essere. Nel consolare la bambina, nel sentire fisicamente quel corpicino, forse ritrovava il calore, l'emotività di un rapporto mai vissuto con la madre, del quale inconsciamente sentiva ancora nostalgia. Così la notte si alzava e la cullava, sotto lo sguardo stupito della madre e di tutte le donne della casa: non si era mai visto un uomo prendere in braccio una neonata, e la piccola se soltanto sentiva la sua voce si calmava.

Quando poi, a quattro cinque mesi cominciò a prendere coscienza del mondo circostante, bastava un minimo accenno alla sua persona perché lo cercasse con gli occhi; se poi lo vedeva, la sua piccola bocca sdentata si apriva in un sorriso di gioia, come potevano avere solo gli angeli, diceva lui, e gli tendeva le braccine, felice di averlo ritrovato. Fu in quel periodo che Celerina perse la sicurezza che neanche il matrimonio del padrone era riuscito a intaccare: quella bambina col suo nome angelico, l'ingenuità disarmante, i sorrisi seducenti, aveva conquistato un bene per lei assoluto, cioè l'amore di quell'uomo che lei considerava di sua esclusiva proprietà. Le prime manifestazioni di tenerezza, le cure, le carezze verso quella creaturina svelarono in lui capacità di amore che lei non conosceva, che non aveva mai neanche sospettato. La vera rivale da combattere non era più la moglie, per la quale non aveva mai nutrito nessun sentimento negativo, ma la bambina. E questo cominciò assai presto.

Celerina era dell'opinione che già nei primi mesi di vita si manifesta il carattere di una persona. Il compito di ogni adulto è quello di correggere, modificare e, perché no, civilizzare un carattere ribelle, troppo scomodo per il resto della comunità. E la piccola era oltremodo fastidiosa, soprattutto per lei. Giusto quindi che iniziasse subito a portarla sulla retta via. In questo senso non lesinava nelle punizioni corporali, secondo lei il solo mezzo per convincere e piegare una natura selvaggia.

L'unica volta in cui la Celerina vide quell'uomo seriamente irritato fu appunto quando scoprì i suoi metodi educativi. Inutili le spiegazioni: „bisogna raddrizzarle la schiena... è per il suo bene", la sua reazione fu di estrema intransigenza. Per la prima e forse unica volta la trattò come una serva che poteva in ogni momento licenziare. Le proibì di toccare la sua figlioletta, minacciando di prendere una bambinaia e di relegare lei in un negozio in un'altra città. Cosa che poi non avvenne per intervento della Signora: lei non era affatto contraria che la bambina venisse educata con severità. Aveva notato la debolezza del figlio verso la piccola e se ne era preoccupata. Celerina ebbe perciò mano libera e continuò a raddrizzare la schiena alla bambina, sempre più ribelle, stando però attenta che non se ne accorgesse il padre.

Ma quel sentimento di estrema umiliazione, trasmessole dalle parole e soprattutto dal tono duro col quale erano state pronunciate, lasciò una lunghissima traccia, con gravi ripercussioni sul suo rapporto con Angelica.

Anche questo le raccontò durante quel lungo pomeriggio, ancora convinta di aver agito giustamente.

«Non credi di aver esagerato? Con le mie sorelle non lo hai mai fatto, o per lo meno molto, molto meno.»

«Con loro non era necessario. Non erano così testarde come te.»

Non aggiunse che il padre non si era curato delle altre bambine, anzi le aveva ignorate, riservando sempre e solo alla prima nata tutta la sua tenerezza. E questo per tutta l'infanzia e oltre, provocando in lei un risentimento che rasentava un odio selvaggio e irrazionale. Soffriva però più di ogni altro di quella situazione, forse per la propria incapacità di soffocare un sentimento che lei stessa considerava vergognoso, soprattutto perché indirizzato contro una piccola creatura indifesa. Mai però avrebbe ammesso che tutto aveva origine da una gelosia incontrollata e irragionevole. Angelica aveva scatenato in lei conflitti di difficile soluzione, anche perché per la prima volta fu costretta a confrontarsi con la propria solitudine affettiva, nella quale lei stessa si dibatteva. Le sarebbe bastato aprirsi verso quella creatura indifesa, accettarla, amarla come una madre, appagando così il suo bisogno naturale di calore, ricevendone come compenso un amore che di certo l'avrebbe ripagata oltre ogni aspettativa: niente è più gratificante dell'amore infantile.

Averla di nuovo davanti scatenò il lei gli stessi sentimenti di rifiuto che avevano lacerato la sua esistenza. Angelica significava per lei riconoscere ancora una volta il fallimento sentimentale della propria vita.

Ma chiuse questo tema abbastanza presto, anche perché si trattava ancora di una ferita aperta. In realtà non era in grado di analizzare il nodo, il solo punto nero nel suo rapporto con l'unico uomo che aveva amato. Questo avrebbe anche significato fare i conti con la propria vita. E poi non poteva parlarne proprio con lei, causa di ogni suo male. Di ogni male di quella famiglia. Ancora adesso era infatti convinta che la tristezza, o meglio la depressione del padre fosse derivata dalla crisi di pazzia della figlia e dal suo successivo allontanamento. Nessuno avrebbe potuto toglierle dalla testa che senza Angelica quell'uomo avrebbe vissuto una vita normale e mai avrebbe sentito la necessità di porre fine ai propri giorni.

Più o meno glielo fece capire, anche se non proprio apertamente come aveva fatto la madre.

Forse questo lo pensava anche la nonna. Le tre donne, ognuna per un motivo diverso, erano legate a quell'uomo quasi per una sorta di fatalità, voluta da chissà quali dei vendicatori, cui sarebbe stato impossibile sottrarsi. Chiaro che avevano bisogno di trovare un colpevole al di fuori di se stesse e Angelica si prestava con estrema facilità.

«In me avete trovato il capro espiatorio. La mia persona in realtà vi ha sollevato da tutti i sensi di colpa che ognuna di voi aveva nei confronti di papà.»

«Io non ho mai avuto sensi di colpa nei suoi confronti e nei confronti di nessuno. Non so neanche di che stai parlando!» Celerina reagì come una belva ferita, e per la prima volta parlò del sentimento che l'aveva legata a quell'uomo fin dal momento in cui lo aveva conosciuto, dell'amore sconfinato che gli aveva donato, senza risparmio, sempre, in ogni momento della sua vita.

Disse della solitudine di quel ragazzo abbandonato per anni, subito dopo la nascita, presso una contadina, in una proprietà della Signora. Del suo rapporto assai conflittuale con una madre che non lo aveva mai accettato.

La Celerina non sapeva in seguito a quale relazione della signorina Ferrari, allora ormai trentenne e già orfana di ambedue i genitori, fosse nato quel bambino. Un segreto chiuso insieme a lei, nella sua tomba. Mai nessuno seppe chi fosse il padre, sembrava che lo avesse dimenticato lei stessa, anzi cancellato dalla memoria. Ma nonostante il bambino illegittimo, data anche la posizione sociale che occupava nella cittadina, aveva avuto più di una richiesta di matrimonio da persone assai rispettabili: anche i suoi rifiuti erano conosciuti da tutti. Al contrario si era chiusa in una vita monacale, macerata nelle preghiere quotidiane, circondata da preti e gente di chiesa.

Aveva ripreso il bambino in casa in seguito alla morte della nutrice per affidarlo subito a un istitutore, un giovane sacerdote che le era stato raccomandato da qualche prelato di sua conoscenza. Era rimasto poco tempo perché incapace di occuparsi di un bambino così piccolo, si disse, ma forse per motivi assai più gravi: si parlò di maltrattamenti corporali e altro. La Signora aveva allora ripiegato su una contadina che era venuta ad abitare da loro.

Col bambino e poi col ragazzo ebbe pochi, sporadici contatti. E fu sempre così. Quando lei, la Celerina, entrò in quella casa, il ragazzo, di qualche anno più giovane di lei, era sbandato, chiuso, incapace di contatti con i suoi coetanei, dovuto al fatto che la madre non gli aveva neanche permesso di frequentare la scuola pubblica. Ogni giorno veniva un sacerdote che gli insegnava il necessario per poi presentarlo da esterno agli esami prescritti dalla legge. Una situazione alienante per il ragazzo.

Così lo aveva conosciuto.

L'incontro con Celerina aveva significato per lui un primo contatto quotidiano con un essere all'incirca della sua stessa età, che benché serva e femmina, aveva manifestato per lui un interesse diverso, quasi cameratesco dovuto anche al carattere della ragazza, aperto e in qualche modo mascolino. Lei era riuscita, fin dal primo momento, ad avere una certa simpatia per lui e ne era nata una sorta di amicizia un po' brusca che in realtà lo aveva rassicurato, facendogli sentire che anche lui era in grado di avere un amico, pur se in vesti femminili, col quale scambiare, se necessario, qualche scazzottata, quasi in un primo approccio fisico. Celerina, essendo cresciuta insieme a una quantità di fratelli, sapeva stabilire rapporti assai egualitari anche con ragazzi, cosa per quei tempi non del tutto normale. Man mano, grazie all'accortezza della ragazza, quel primo sentimento, nato da un innocente desiderio di calore umano di ambedue le parti, – anche Celerina aveva grosse deficienze affettive, – si era trasformato in qualcosa di più grande e definitivo, sia per lui che per la ragazza. Fu l'incontro di due solitudini, di due diseredati che non avevano conosciuto l'amore materno, indispensabile per la formazione sia caratteriale che emotiva della personalità, quell'amore che dà a ogni essere umano la certezza di essere accettato, di essere degno di vivere insieme agli altri, di partecipare della comunità nella quale è nato. Celerina, dietro una corazza ruvida e quasi impermeabile, nascondeva un fortissimo bisogno di amare e di essere amata, un bisogno che andava oltre ogni necessità materiale, imperativa e assoluta; una fame d'amore che fino ad allora non aveva potuto saziare. Quel ragazzo dagli occhi desolati, pieni di una muta richiesta di aiuto, le aveva dato la possibilità di scoprire in se stessa potenzialità affettive mai sospettate. Capì che in quella richiesta di protezione, di calore anche fisico, oltre che di sostegno e coraggio, si aprivano per lei nuove prospettive di carattere emotivo, un arricchimento della propria personalità. E vi si buttò dentro, con tutta la passione di cui era capace.

Fu il momento più importante della sua vita, in cui dimostrò una maturità molto oltre i suoi anni, una maturità nata anche dalla lotta quotidiana che aveva dovuto sostenere nella propria famiglia, semplicemente per sopravvivere. A tredici o quindici anni sapeva di essere forte, di avere le spalle larghe capaci di sostenere non soltanto il peso della propria esistenza, ma anche quella di un'altra persona; quel ragazzo e l'uomo dopo, era subito diventato la sua unica ragione di vita.

Il matrimonio del padrone poi, voluto dalla madre, non aveva cambiato molto nella loro relazione; in realtà niente e nessuno avrebbe potuto sostituire quell'intesa che andava al di là di ogni rapporto solamente sessuale, come credevano la madre e tutti quelli che erano in qualche modo informati. Celerina rappresentava la parte maschile di lui, quello che non avrebbe mai potuto essere per una mancanza forse genetica, o attribuibile ad altri fattori. Ma ancora di più: Celerina gli era madre, sorella e amante in una persona. Inoltre una collaboratrice preziosa, insostituibile nella gestione dei negozi. Senza di lei gli sarebbe venuta a mancare l'energia, la forza vitale che gli permetteva di sopportare la madre, la moglie e non ultime le figlie.

Per lei al contrario quell'uomo significava l'incontro con la propria femminilità da sempre ignorata; l'unica possibilità di manifestare quei sentimenti di tenerezza, di abbandono latenti anche in quel suo carattere brusco, mascolino che era stata costretta a soffocare, per trovare un posto nella società nella quale viveva.

Angelica, benché sembrasse non partecipare della vita famigliare, aveva percepito già da tempo la forza di quel legame, sapeva delle visite notturne del padre nella camera di Celerina.

Chi non lo sapeva, in quella casa?

In realtà bisognava essere ciechi per non capire quale accordo profondo unisse quelle due persone; non avevano nessuna necessità di parlare, neanche di guardarsi. Il loro era un linguaggio nato da un'intesa che non aveva mai avuto necessità di parole. L'uno sapeva cosa pensava l'altra, senza possibilità di equivoci e questo alla luce del sole, davanti a tutti.

La moglie aveva ignorato fin dal primo momento quella situazione, forse incapace di accettare una realtà per lei incomprensibile; il marito la rispettava, le voleva anche bene, ma il rapporto che lo legava a Celerina era di ben altra dimensione e qualità. Certo c'entrava anche il sesso. Ma in questo modo universale di comunicare fra due individui c'era un diversità di principio che poteva discernere soltanto lui. Celerina non era soltanto un'amante appassionata: sapeva accoglierlo, amarlo con un'intensità e una abnegazione di se stessa che non aveva niente a che fare con la passività della moglie accondiscendente. Lei si dava a lui fisicamente con ogni singola fibra dell'anima e del corpo e lui forse solo in quelle occasioni sentiva la sua potenza di maschio, il superamento di ogni debolezza, di ogni senso di inferiorità.

Celerina non pensò mai di trarre profitto dalla sua relazione col padrone di casa, in nessun modo. Restò sempre al suo posto, piena di rispetto per la Signora, sentendosi però parte integrante di quella famiglia. Ciò le diede sempre il diritto di intervenire anche nell'educazione delle figlie, che avrebbero dovuto essere soltanto sue, oltre che nella gestione del ménage famigliare, e non per ultimo negli affari legati ai vari negozi della Signora.

Angelica ascoltava sentendosi quasi un'intrusa.

Era imbarazzante conoscere la vita di suo padre attraverso i racconti di una donna e proprio da quella stessa Celerina che lei considerava insensibile, dura, primitiva. Come si permetteva di conoscere o meglio di pensare di conoscere così bene quell'uomo che era stato suo padre? Man mano che ascoltava, però, si rendeva conto di non conoscerlo affatto. Tutti i particolari della sua infanzia le erano sconosciuti: la sua estrema solitudine e la mancanza di affetti famigliari; il non rapporto con la madre; l'incomunicabilità di quelle due persone che per un fatto puramente naturale avrebbero dovuto essere assai vicine. E la tragica fine di ambedue, quasi una conseguenza del più grande malinteso che possa esistere fra due persone: l'incapacità di accettarsi a vicenda.

Tutto le era nuovo.

Ancora una volta si vide confrontata col mistero dell'essere, con l'insondabilità dell'anima umana. E se ne spaventò. Cosa si nasconde in ogni essere umano? Si chiese. Di quale materia è formato quell'insieme di sentimenti, pensieri, istinti che costituiscono quello che poi viene definito uomo: quali sono gli elementi responsabili della formazione del cosiddetto carattere? Anche lui era stato costretto in un vestitino: costretto nel senso letterale della parola, 'represso, legato saldamente'. E lui non aveva neanche avuto, come lei, un padre amorevole. A lui era rimasto quel vestitino attaccato alla persona, alla carne e alla sua anima per sempre. E per liberarsene aveva scelto la morte, l'unico atto di vera autonomia. È stato questo il suo suicidio? pensò Angelica.

Il padre che lei aveva amato, senza però riuscire a capirne la sostanza, restava per lei nient'altro che uno sconosciuto. La Celerina al contrario si arrogava il diritto di essere l'unica persona a conoscerlo fino in fondo e per questo di amarlo più di lei, più della moglie. E forse aveva ragione, benché le riuscisse difficile accettare quella realtà e continuasse a credere, come figlia, che la madre avesse amato il marito più di ogni altra persona.

O forse no?

Quali erano i veri rapporti che intercorrevano in quella famiglia?

Che ruolo aveva giocato il grande sentimento dell'amore, nella sua famiglia?

La Celerina intanto continuava il suo soliloquio che aveva tutta l'aria di un'autodifesa contro chi le aveva fatto capire, con molta chiarezza, di non avere nessun diritto di intromettersi negli affari di quella famiglia, non intercorrendo fra di loro nessun legame di parentela. Una presa di posizione verso la più giovane che in realtà non conosceva la storia delle proprie origini, il rapporto che aveva legato la sua vita a quella della padrona, a suo figlio e a tutto il resto. Lei non aveva altra famiglia che quella, rimarcò con decisione. Non si trattava di un legame di sangue, sottolineò, ma di altro, assai più profondo e sentito, nato dalla giusta riconoscenza verso una persona cui doveva tutto, e quel tutto significava un'esistenza senza triboli, la sicurezza di un tetto sopra la testa, una vita ordinata, un lavoro, cibo a sufficienza e vestiti quando era necessario. E non soltanto. La Signora le aveva pagato una maestra perché imparasse, lei allora analfabeta, a leggere e scrivere e far di conto, necessario per il lavoro che svolgeva nei vari negozi. Le aveva dato anche il calore di una famiglia, senza contare il grande sentimento che l'aveva legata tutta la vita al figlio, al ragazzo e poi all'uomo solitario e silenzioso.

Ed era stata lei a raccoglierlo da terra, dietro la porta della stanza della madre, sanguinante, già freddo e insensibile ai suoi gridi, alle sue preghiere di rispondere. Era stata lei a sistemarlo nel suo letto matrimoniale, affinché tutti lo trovassero lì, al posto suo, per non offuscare l'onore della famiglia; a lavarlo e vestirlo. La Signora e la moglie, sopraffatte dall'orrore, non avevano osato neanche avvicinarsi. Lei aveva fatto tutto da sola, piangendo e urlando come una madre cui la morte abbia strappato l'unico figlio, la migliore parte di sé.

Il dolore più grande della sua vita.

Quel ricordo, nonostante fossero passati più di due anni, era ancora troppo vivo e straziante perché ne potesse parlare a lungo. Preferì dare qualche lezione di storia alla giovane presuntuosa e fece un gran passo indietro, raccontando della generazione passata, di suo padre, povero contadino senza terra; della Grande Guerra che aveva coinvolto anche la sua famiglia; del dopoguerra, della fame e dell'inflazione che aveva impoverito tutti, eccettuato alcuni, come il padre della Signora, ricco proprietario terriero e datore di lavoro, assai saltuario del resto, al proprio padre. Saltuario perché gli dava lavoro solo quando era strettamente necessario e con un salario da fame.

Lui aveva servito la patria sul fronte militare. Quattro anni di guerra, di sacrifici e pericoli e una volta tornato a casa, sano e salvo, aveva sperato come tutti gli altri reduci in un futuro migliore, in un lavoro stabile e giustamente retribuito. Cosa che non si era mai avverata.

Il motivo fondamentale che gli aveva alienato le simpatie del padrone era la sua dichiarata appartenenza alla sinistra cittadina, con rivendicazioni e relative proteste e se necessario con scioperi cui partecipava assiduamente: Suzzara era una delle prime città italiane con un ben organizzato partito di sinistra, già da prima della guerra. In lui c'era la rabbia di chi sente di essere stato ingannato, di aver patito insieme alla sua famiglia, mettendo anche a rischio la propria vita per proteggere la patria da presunti aggressori, mentre altri, i soliti profittatori, se ne erano rimasti in casa, al calduccio, facendo soldi a palate. Con lui era impossibile anche soltanto pronunciare la parola patria. Nel suo dialetto romagnolo montava su tutte le furie:

„Si parla di patria solo quando bisogna fare sacrifici, mettere la propria vita a repentaglio, pagare le tasse... mai che le venisse l'idea, alla patria, di assicurarci un lavoro, una casa, un'esistenza degna di questo nome."

La Celerina sapeva queste cose per averle sentite centinaia di volte a casa, prima di andare lei stessa a lavorare e anche dopo, le poche volte che veniva in visita.

Alla morte del padrone, la signorina Ferrari si era presa cura della famiglia di Celerina dando loro una piccola casa e assicurando al padre un lavoro stabile. Soprattutto la moglie del rivoluzionario suscitava in lei sentimenti di grande comprensione, se non di pena, e per aiutare lei aveva preso la ragazza presso di sé, cercando una sistemazione anche per gli altri figli.

Per Celerina la Signora, come la chiamava già allora, quando viveva ancora in casa dei genitori e sentiva giornalmente parlare di lei, era un esempio di grandezza e di umanità inarrivabile, e questo nonostante l'opinione del tutto contraria del padre: per lui restò sempre la padrona e gli aiuti che gli faceva provenire, attraverso la moglie, li considerava elemosine indegne di un uomo con due braccia buone per lavorare.

II

Nella piccola città di provincia non c'era famiglia che non conoscesse il padre della Signora, Telesio Ferrari, grosso proprietario terriero, con un negozio di generi alimentari gestito da un suo dipendente, dove tutti più o meno erano costretti a comprare, il più delle volte a credito.

Piuttosto avanti negli anni, aveva perso la testa per una giovane donna che, come ebbero a dire molti amici e conoscenti, avrebbe potuto essergli figlia. Angelica, questo il nome della giovane, pur non essendo una vera bellezza, era riuscita a sedurre quel vecchio scapolo al punto da convincerlo a rinunciare alla propria libertà e metter su famiglia. Una storia che fece scalpore. In realtà si trattò di un breve intervallo fra una solitudine e l'altra: alla nascita della prima e unica figlia, quella che doveva in seguito diventare la Signora, la giovane Angelica morì, lasciandolo vedovo e più solo di prima. A lungo ignorò l'esistenza della bambina e soltanto più tardi, quando non gli fu più possibile non accorgersi di lei, cominciò a perdonarle di essere al mondo, non smettendo però di considerare quella creatura la causa prima della propria tristezza e solitudine.

Questi fatti di carattere assai privato lo avevano distolto dai grandi movimenti politici che occupavano quasi tutta la popolazione di Suzzara, un città già dalla fine del secolo precedente agli albori di quell'industrializzazione che avrebbe cambiato la vita di tutta la nazione, con gruppi assai notevoli di operai indottrinati dalle nuove correnti socialiste.

Le idee dei socialisti lo avevano sempre disturbato: trovava ogni richiesta dei suoi dipendenti – aumento del salario, settimana di 48 ore, assicurazioni varie – rivoluzionarie, se non addirittura stravaganti. Nonostante la sua dichiarata fede, i suoi rapporti assai amichevoli con il clero locale, difficilmente si lasciava andare a qualche concessione di carattere pecuniario.

Secondo qualche benpensante, il signor Ferrari aveva tratto grande profitto dall'intervento italiano alla Grande Guerra, conflitto che aveva impoverito ulteriormente il Paese, arricchendo al contrario quelli che non avevano sdegnato transazioni che oltrepassavano il senso morale di molti concittadini. Un dato di fatto è che alla fine della guerra il suo patrimonio era raddoppiato, così anche il numero dei negozi e delle proprietà nei paesi vicini. In seguito seppe annodare particolari rapporti con personalità del nuovo regime che mantenne per tutto il ventennio fascista; in conseguenza di ciò i suoi introiti aumentarono in modo assai significativo, con relative invidie e rivalità in tutta la regione. Alla fine della Seconda Guerra Mondiale morì non di morte naturale e nel proprio letto: un caso di vendetta personale, come molti altri in quel periodo, mai chiarito dalla giustizia.

L'allora signorina Ferrari fu considerata la più ricca ereditiera della zona e non pochi furono i pretendenti. Poi accadde quel fatto inspiegabile della sua improvvisa reclusione e la diceria che aspettava un bambino.

Seguendo l'esempio del padre, prese subito in mano l'amministrazione dei suoi beni dimostrando di avere un talento forse superiore a quello paterno. Durante il ventennio fascista, i fatti che coinvolsero la cittadinanza non avevano minimamente influito sulla linea di condotta stabilita dal padre: anche lei aveva saputo accordarsi con i capi di allora e a guerra finita era stata subito pronta a cambiare camicia, continuando però a tenere molto stretti i suoi rapporti con la curia.

«Non mi interessano le storie dei miei bisnonni e del come sono venuti alla loro ricchezza. Il fatto poi che devo il mio nome a una persona morta assai giovane non mi sembra molto di buon gusto.»

«Ognuno di noi porta il nome di chi è già morto. Tutti i nostri nomi sono già scritti sulle tombe dei cimiteri del mondo.»

«Eccettuato il tuo! Credo che prima di te non ci sia stata nessuna Celerina.»

«Lo devo a mio padre: lui non voleva avere dei morti in casa sua, ecco perché ha trovato dei nomi nuovi per i suoi figli.»

«Tu hai raccontato una volta che il padre della nonna morì in seguito all'aggressione di un gruppo di partigiani venuti qui per picchiarsi con certi fascisti o comunisti, non ricordo più. Puoi affermarlo ancora? È stato assassinato subito dopo la fine della guerra, così hai detto una volta.»

La Celerina si aggrondò. Disse di non ricordare quella storia, che magari Angelica aveva interpretato male qualche sua frase, e che se le storie dei suoi parenti non la interessavano, allora era meglio andare a preparare la cena, ché era già ora.

Angelica sentì che non poteva lasciarla andare: adesso o mai più.

«Ho sempre avuto il sospetto che la nonna, nonostante il suo estremo senso della moralità, in gioventù non dovesse poi essere stata uno specchio di virtù, se mio padre nacque fuori dal matrimonio, dalla relazione con un non si sa bene chi.»

«Non ti permettere di usare questo tono quando parli di quella santa donna... proprio tu sei l'ultima ad avere il diritto di aprir bocca.» La Celerina si infuriò seriamente. L'accusò di essere stata sempre così, irrispettosa, piena di veleno contro di lei, contro la nonna, contro la mamma, sempre convinta di essere circondata da nemici, tutti pronti a congiurare contro di lei, quando proprio la nonna aveva voluto evitarle la sua stessa sorte, correndo gravi rischi, pagando un mucchio di denaro!

«Che rischi? Che denaro? Di che stai parlando?» E così venne finalmente fuori la storia della sua gravidanza, scoperta appunto dalla Celerina; delle corse a destra e manca per cercare un medico disposto a liberarla dal suo fardello; e le sue proteste quanto mai irragionevoli: avrebbe voluto portare a termine la sua vergogna, incurante dello scandalo, dimentica del buon nome della famiglia.

«Mi avete costretto ad abortire... dimmi la verità. Mi avete portata a forza da qualche parte. Dimmi cosa mi è stato fatto. Cosa mi ha ridotto così?» Adesso Angelica piangeva a dirotto, un pianto irrefrenabile, il pianto di una bambina tradita, ingannata. Ferita.

«Volevi avere un figlio illegittimo? Forse il figlio di un prete. Sei stata tu ad accusare quel pover'uomo, tu lo hai portato alla rovina... tanto che pochi anni dopo è morto, non so se di crepacuore o di altro.»

«Come puoi parlare così? Com'è possibile tutto questo? È stato lui a dirlo? Dimmi la verità.»

La Celerina non seppe o non volle rispondere. Seguì un lungo silenzio. Quella era una storia che pesava sulla famiglia come una cappa di piombo; che aveva distrutto l'esistenza del padre e poi della Signora; senza contare le sorelle, che erano andate via di casa per non dover sopportare quel mortorio continuo.

Angelica era annientata: la storia di per sé era già abbastanza traumatica; ma soprattutto la visione dei fatti e di se stessa, o meglio dall'immagine di una se stessa che non conosceva, che però attraverso le parole di Celerina riusciva a filtrare e ricostruire, la disorientò del tutto. Chi era la vera Angelica? Quella bambina timida, sempre chiusa in sé, smarrita, alla ricerca di un mondo di affetti che le era precluso, che la rifiutava; e poi l'adolescente amorfa, vagante in un nulla di sensazioni indefinibili, di paure dovute a una totale ignoranza dei fatti della vita, dei rapporti che intercorrevano fra un uomo e una donna; timorosa e diffidente, incapace di allacciare una qualsiasi relazione con gli altri e in particolare con l'altro sesso. O al contrario, la bambina – secondo la descrizione di Celerina, – cattiva, caparbia, viziata dal padre, sospettosa di tutto e di tutti, in guerra con gli adulti ma anche col mondo intero e, alla fine, seduttrice di preti!

Quale delle due Angeliche era lei veramente?

Quella negativa, che aveva sempre ignorato, quella che ad un certo punto aveva preso il sopravvento sull'altra, catapultandola nel caos dell'irrazionalità? Anche lei, come tutti i bambini, aveva avuto il suo breve diritto all'irrazionalità, alla cosiddetta libertà dei matti e dei bambini. Era per questo che le era stato imposto fin dalla nascita un vestitino particolarmente stretto, fatto di regole, di proibizioni, di sensi di colpa? Doveva concludere che ogni essere umano viene al mondo del tutto libero da inibizioni, sensi di colpa, capacità di ingannare; con un grande senso della libertà scomoda per gli altri, che la società cerca di reprimere, plasmare, modellare a suo piacimento come aveva fatto la Celerina, la nonna, la famiglia con lei? Una ridda di pensieri si accavallavano, che cercava di rimandare indietro, in un disperato tentativo di giustificarsi davanti a se stessa.

«È stata la nonna a mandarmi da lui. Mi è stato vicino per qualche tempo, come un amico... finché ho avuto fiducia e mi sono affidata.» Ora ricordò tutto, nei minimi particolari, il suo shock, le sue paure, i discorsi allusivi di don Pietro e infine il pomeriggio in cui era riuscito a... e la sua debolezza, l'aver creduto di aver trovato in lui un uomo comprensivo, che voleva solo aiutarla, farle conoscere i segreti della vita, placare le sue angosce, consolare la sua estrema solitudine affettiva: lui sapeva essere persuasivo, sapeva parlare il linguaggio degli adolescenti.

Aveva di certo fatto le sue esperienze.

E lei sapeva inconsciamente di voler essere ingannata, di voler credere nelle sue parole per il bisogno estremo di simbiosi, di calore umano: questo il motivo che la faceva maggiormente soffrire. La coscienza di aver percepito confusamente il pericolo che correva e non aver saputo mettersi in salvo. E ancor più umiliante: la sua incapacità di separarsi da lui. La dipendenza, la totale sottomissione, la sua cecità e il dolore immenso quando lentamente cominciò a capire che dietro le sue parole c'era solo un interesse di carattere sessuale e basta, nessun calore umano e niente amore. Una volta appagata questa curiosità o necessità, annoiato ma più che altro infastidito dalla piega che tutta quella storia stava prendendo, di punto in bianco le proibì di venire da lui.

Ma forse aveva notato dei cambiamenti in lei, che lo avevano messo in allarme.

La Celerina già da tempo si era accorta di una maggiore instabilità nel carattere della ragazza. La sua inquietudine aumentava di giorno in giorno e più volte avevo colto nei suoi occhi come un grido di allarme. Lei aveva soltanto sperato che la storia si concludesse senza conseguenze serie, cominciò però a osservare con particolare attenzione la biancheria intima di Angelica, per avere una conferma ai propri sospetti. Quando scoprì che ormai la situazione era irreparabile, avvertì la padrona. Ne seguì un interrogatorio di terzo grado che terrorizzò la ragazza, anche perché capì che le sue paure erano assolutamente fondate.

„E chi è stato... chi ha osato... chi è questo delinquente? È chiaro che dovrai sposarlo, lo voglia o no, se non vuole finire in prigione: sei minorenne. Avrebbe dovuto pensarci prima."

A tutto questo Angelica non aveva pensato, ma l'idea di una denuncia la spaventò più della notizia della propria gravidanza. Non voleva dire il nome del 'delinquente' ma alla fine non riuscì a tacere. Con sua sorpresa la nonna reagì come una belva.

„Come puoi accusare un sant'uomo? Non trovi niente di meglio? Se però hai detto la verità vuol dire che subito subito dovremo correre ai ripari."

Don Pietro, chiamato espressamente dalla padrona, non si era affrettato a venire.

La Signora con molta calma, anzi cercando le parole con cura, gli aveva fatto un breve racconto, un po' confuso, della situazione e delle accuse più o meno velate della nipote: stupore dall'altra parte.

„Non ne so niente. A chi vuole credere, a una ragazzina con la testa per aria, infatuata del proprio corpo in calore, preda degli ormoni giovanili o a un rispettabile uomo di chiesa? Lei me l'ha mandata appunto per cercare di guidarla, di portarla sulla giusta via, non ricorda? Ho fatto quello che ho potuto. E ora arriva una tale accusa! Sono indignato."

La Signora aveva dovuto scusarsi.

„Certo, un uomo di chiesa. Un uomo di fede non può mentire." Era stato un breve, brevissimo colloquio, imbarazzante per le due parti. Fu subito chiaro che nessuno dei due aveva il minimo desiderio di prolungarlo oltre il necessario.

La Celerina aveva origliato, secondo la sua abitudine, ma non riuscì ad accettare quella versione dei fatti. Lei aveva pedinato più di una volta la ragazza e sapeva in quale casa trascorreva varie ore del pomeriggio, aveva sentito quasi fisicamente l'angoscia di Angelica quando andava e quando tornava, lo sguardo perduto, il pallore. Non aveva dubbi. Era lì che accadevano certe cose e non altrove. Non ebbe però il coraggio di parlarne apertamente, di accusare don Pietro. Si tenne quel tarlo tutto per sé.

In fondo era dell'opinione che l'uomo di per sé è una creatura debole per natura, in balia degli istinti più depravati. E inoltre qui c'era di mezzo anche il diavolo, soprattutto perché si trattava di un uomo di chiesa: era stato lui a tentarlo, servendosi della ragazza per provocare la sua perdizione. Angelica secondo lei era doppiamente colpevole, verso se stessa e verso quel sant'uomo.

Chissà se la Signora fu mai tormentata dagli stessi pensieri. Non lo seppe mai.

Don Pietro non venne più in visita e qualche tempo dopo, quando Angelica già da lungo era stata allontanata da casa, sparì. Si diceva fosse stato trasferito in un'altra parrocchia.

Nessuno parlò più di quella storia, ognuno chiuso in un silenzio carico di accuse mai espresse.

Un fatto anche decisivo fu che da allora alla loro tavola non sedette più un prelato, quasi si fosse sparsa la voce del tradimento.

Tradimento di chi?

«Nessuno di voi ha voluto ascoltarmi, o forse non ho avuto il coraggio di parlare. Non so, non ricordo più. Tanto sapevo che nessuno mi avrebbe capito.» E di colpo ritornò il ricordo di quei giorni, la sua angoscia, il senso di ribrezzo per se stessa, per gli uomini, per tutti gli esseri umani, per il mondo intero. E la sua confusione mentale, l'incapacità di elaborare quanto le era accaduto, il non aver saputo difendersi o forse il non aver neanche tentato di farlo.

«Mi avete legata prima o dopo?» La Celerina la fissò senza capire.

«Chi ti avrebbe legata? Di che stai parlando?»

«Ho sognato di essere legata a un letto, e mi sono ricordata di esserlo stata nella realtà. Ricordo ancora quel corridoio di ospedale. Ma non so altro. Forse tu puoi aiutarmi.» Celerina non voleva ricordare. Quello era stato senza dubbio il periodo più difficile della sua vita, anche perché era stata lei a denunciarla alla Signora. Mai aveva visto la padrona perdere il controllo di sé come quella volta e lei, in qualche modo, se ne sentiva responsabile ancora adesso.

Ma cosa avrebbe dovuto fare? Tacere, forse? Certo non aveva immaginato la reazione della Signora e ancor meno quella di Angelica: due iene, l'una scagliata contro l'altra.

Naturalmente aveva vinto la più forte. Ma a quale prezzo.

Era stato un incubo, perché la ragazza non si era affatto dimostrata cooperativa. E bisognava sentire gli urli, prima decisa a negare le sue condizioni, poi, quando non aveva più visto una via di scampo, ostinata e irragionevole, aveva dichiarato di voler tenere il bambino.

Il padre si era categoricamente rifiutato di intervenire, affermando che si trattava di storie di donne. La mamma poi si era soltanto spaventata, anche lei incapace di prendere una posizione qualsiasi. Alla fine era caduto tutto sulle spalle di Celerina. Lei aveva dovuto cercare la soluzione. Ma la nonna voleva un medico, non una donna di malaffare, abituata a trattare con contadine e prostitute.

Ora guardava l'Angelica e non poteva fare a meno di detestarla, per tutti i guai che aveva procurato a lei e alla famiglia. Così la sua risposta fu assai dura.

«Io non so niente di legare e roba del genere. Se qualcuno ti ha legato vuol dire che era necessario.» In realtà lei non l'aveva vista legata, ma sapeva che la ragazza subito dopo l'intervento, appena sveglia dalla narcosi, aveva cominciato a smaniare, a urlare tanto che il medico si era visto costretto a farla ricoverare in un ospedale psichiatrico. E non era stata una cosa facile. Soltanto la presenza di spirito della nonna, le sue conoscenze oltre che la sua disponibilità finanziaria avevano evitato lo scandalo, ma anche grossi problemi al medico che l'aveva operata. Per suo consiglio infatti le era stato somministrato un farmaco ancora in casa, a sua insaputa, tanto che era arrivata nello studio medico in stato di semi-coscienza. Anche di questo aveva dovuto occuparsi la Celerina.

«Almeno puoi dirmi come sono finita da quel medico, e quanto tempo mi hanno tenuto in ospedale e, che razza di ospedale era.» Angelica sentì sempre più l'avversione di Celerina ma non volle cedere, ora doveva sapere tutto, fin nei minimi particolari. Solo che la donna non era disposta a ripercorrere quel tortuoso cammino di tanti anni prima, anzi avrebbe preferito dimenticare tutto una volta per sempre. Figurarsi se voleva riparlarne.

«Non ricordo più. È passato troppo tempo e... non farmi altre domande. Il passato è passato e non fa risuscitare nessun morto.» Decisa, mise da parte la sciarpa che aveva maneggiato tutto il tempo, quasi non potesse liberarsene, si alzò e andò in cucina, per preparare la cena. Era già tardi.

Angelica, rimasta sola, prese a raccogliere meccanicamente i vestiti e tutta la roba che aveva comprato quel pomeriggio. Ne riempì i sacchetti quasi volesse riportarli indietro, e infine si sedette, stordita, svuotata.

Era venuta per questo e soltanto adesso capì di aver aperto una porta che sarebbe stato meglio tenere chiusa. Si chiese se fosse poi un bene saper tutto di se stessi, guardarsi dentro, negli angoli più riposti, più bui; specchiarsi negli occhi degli altri e vedersi con i loro occhi; riconoscere in se stessa una persona mai sospettata, forse appena appena intravista e subito dimenticata. Mai accettata.

Quel pomeriggio aveva sentito parlare di un'Angelica che tutti conoscevano, eccettuato lei; del perché fosse stata allontanata dalla famiglia, dalla società nella quale aveva fino a quel momento vissuto.

Era stato per salvare lei o se stessi?

Certo la nonna non si era aspettata una reazione simile. Avrà sicuramente pensato alla sua situazione, molti anni prima, al suo essere stata sola ad affrontare anche lei una gravidanza non voluta e all'impossibilità di liberarsene, come invece adesso era stato possibile fare, col suo aiuto.

Soltanto non aveva previsto nella ragazza una tale labilità, più di quanto avesse sospettato negli anni precedenti.

In realtà la sua solitudine non era stata maggiore di quella di Angelica: una donna, in qualsiasi epoca della storia, si è sempre trovata sola ad affrontare il problema della maternità, con o senza la legalità del matrimonio. È qualcosa che accade soltanto nel suo corpo, che può sentire solo lei. Che nel profondo può accettare o non accettare soltanto lei. Un contratto a lunga scadenza che riguarda solo lei. E la nonna, pur avendo messo al mondo il frutto di quell'incontro, che poi volle sempre ignorare, in realtà non ne rispettò mai gli elementi essenziali, cioè il soggetto di quel contratto. Questo aveva detto Celerina, nella sua lingua semplice ma assai incisiva, parlando del rapporto fra madre e figlio, sua nonna e suo padre.

Ora, attraverso la propria storia, poté gettare uno sguardo sulla personalità assai complessa della nonna, che fino a quel momento aveva considerato un essere non umano, incapace di provare la minima empatia verso i suoi simili. Pensò che dietro ogni durezza si nasconde una ferita, forse più ferite: un essere umano non nasce di per sé duro, insensibile. Lo diventa. Per sopravvivere.

Neanche lei, Angelica, era stata capace di difendersi. In realtà quel vestitino imposto fin dalla nascita non l'aveva protetta né era riuscito a difenderla contro l'insensibilità di don Pietro, della famiglia e in ultima analisi anche del padre.

Guardò i sacchetti pieni di indumenti comprati quella mattina insieme alla sorella e per la prima volta capì il senso di quei vestiti da adulta; forse Elisa, insistendo che corresse insieme a lei da un negozio all'altro, le aveva voluto mostrare la via, una nuova visione della vita, con vestiti scelti da lei, solo da lei ora che finalmente si era liberata di quel vestitino indossato quando ancora non disponeva di una volontà propria.

Decise che era necessario comprare anche una valigia, la sacca che aveva portato dalla montagna non avrebbe potuto contenere tutta quella roba. Poi ripensò che in fondo lassù non aveva necessità di abiti eleganti, sciarpe di seta e scarpette col tacco. Meglio lasciare tutto qui, Elisa avrebbe potuto goderseli meglio di lei.

Indice

Altri libri di Ada Zapperi Zucker

IN LINGUA ITALIANA:

Un pugno di storie
Lettere
2021, 212 pagine, 12,80 €

Due donne del Sud
24 lettere
2020, 282 pagine, 12,80 €

Una vita di donna in Sicilia
Romanzo
2019, 148 pagine, 12,80 €

Un'infanzia quasi felice
Racconti
2018, 144 pagine, 10,80 €

I padri assenti
Due racconti
2017, 196 pagine, 11,80 €

La casa del nonno
Romanzo
2016, 264 pagine, 13,80 €

La Cucchiara
Una famiglia siciliana
2015, 174 pagine, 12,80 €

Un giorno a Bolzano
Quattro racconti e frammenti di una biografia
2013, 224 pagine, 11,80 €

La scuola delle catacombe
Racconti sudtirolesi
2013, 224 pagine, 9,80 €

Teatro di ombre
Romanzo
Edizioni Helicon 2012, 200 pagine, 14,00 €

Le inquietudini della sora Elsa
Racconti
Edizioni Tabula Fati 2011, 176 pagine, 13,00 €

Il silenzio
Romanzo
Edizioni alpha beta 2009, 160 pagine, 12,00 €

LIBRI BILINGUE:

Vikis blaue Augen
Gli occhi azzurri di Viki
Un libro per bambini, CD incluso
2020, 296 pagine, 15,80 €

Herta und andere Geschichten
Herta e altre storie
Erzählungen / Racconti
2019, 100 pagine, 13,80 €

Liebe und andere Verdrießlichkeiten
Amori e altre peripezie
Erzählungen / Racconti
2018, 144 pagine, 11,80 €

Über Frauen und andere Geschöpfe
Storie di donne e altre creature
Erzählungen / Racconti
2015, 128 pagine, 11,80 €

LIBRI TRADOTTO IN TEDESCO:

Zwischen Lemberg und Meran
Romanzo
2020, 240 pagine, 13,80 €

Das Haus in der Widenmayerstraße
Romanzo
2017, 296 pagine, 13,80 €

Das Unbehagen der Sora Elsa
Racconti
2016, 214 pagine, 13,80 €

Die Katakombenschule
Racconti Sudtirolesi
2013, 248 pagine, 11,80 €

FSC
www.fsc.org
MIX
Papier aus verantwortungsvollen Quellen
Paper from responsible sources
FSC® C105338

Stampato nel mese di Maggio 2021
BoD, D-22848 Nordstedt